Y Crwydryn a Mi

Y Crwydryn a Mi

MEIC STEVENS

GYDAG ANNES GRUFFYDD

yl·lolfa

Diolch i Gweltaz Ar Fur am ei help ar hyd y blynyddoedd ac i
Erwan Ropars am yr help gyda'r wybodaeth am gerddoriaeth Llydaw.
Diolch hefyd i Gary Melville am y discograffeg.

Argraffiad cyntaf: Ebrill 2009

Dymuna'r cyhoeddwyr gydnabod cymorth ariannol
Cyngor Llyfrau Cymru

Cynllun y clawr: Y Lolfa
Llun y clawr: Gerallt Llewelyn

Rhif Llyfr Rhyngwladol: 978 1 84771 121 2

Cyhoeddwyd, rhwymwyd ac argraffwyd yng Nghymru
gan Y Lolfa Cyf., Talybont, Ceredigion SY24 5HE
gwefan www.ylolfa.com
e-bost ylolfa@ylolfa.com
ffôn 01970 832 304
ffacs 832 782

I Gwenllian

Rhagair

Dafydd Iwan wnaeth awgrymu'r syniad. Ar raglen radio ar Meic Stevens dywedodd, "petai rhywun yn mynd ati i ddarllen caneuon Meic yn fanwl, byddai hynny'n rhoi cip go dreiddgar ar hanes ei fywyd".

Yn gynnar yn 1993 gwnaeth Myrddin ap Dafydd gais i mi drefnu mynd i weld Meic a gofyn iddo esbonio cefndir cant o'i ganeuon. Cytunodd. Ond roedd cant yn ormod. Minnau'n awgrymu hanner cant. Na, meddai Meic, doedd hanner cant ddim yn rhif lwcus. Rhaid fyddai dewis 51 o ganeuon.

Y canlyniad fu i mi dreulio deuddydd yn ei gwmni yn crwydro tafarndai ardal y Dociau yng Nghaerdydd yn ei holi. O bori drwy *I Adrodd yr Hanes* medrwch weld sut y dirywiodd pethe wrth i ni fynd ymlaen o gân i gân, o dafarn i dafarn. Mae'r esboniad ar 'Yr Eryr a'r Golomen' a 'Tryweryn' yn cymryd hanner tudalen. Felly hefyd 'Cân Walter' a 'Ddaeth Neb yn Ôl'. Ond wrth i'r seidir gydio, byrhau wnaeth yr esboniadau nes, erbyn i ni gyrraedd y ddwy gân olaf, does ond ugain llinell o esboniad.

Dydi Meic ddim yn un sy'n hoffi dadansoddi ei ganeuon. Yn aml yn y Cŵps pan wnawn ei holi am y gân hon a'r gân acw byddai'n colli ei amynedd. "Lyn bach, ti'n waeth na T Glynne Davies. O'dd hwnnw fel ti yn fy holi i byth a hefyd am ystyr gwahanol eirie neu linelle. Ond diawl, dim pethe i'w dadansoddi yw caneuon, ond pethe i'w gwrando, i'w mwynhau."

A Meic, wrth gwrs, sy'n iawn. Yn ei faes does neb sy'n dod yn agos ato fel canwr a chyfansoddwr. Mae'n gerddor a bardd wrth reddf. Gall gyfleu mwy mewn un gair nag y gall rhai ei gyfleu mewn cân gyfan. Meddyliwch am 'Diwedd y Gân', a gyfansoddodd i'w gariad ar y pryd,

Susie Slade. Roedd hi wedi gofyn iddo gyfansoddi cân iddi. Ond roedd hi wedi gadael cyn i Meic gwblhau'r gân. Mae'n gorffen pob cytgan gyda'r geiriau 'Dyma dy gân addewais i ti.' ('Addewid i ti' geir yn y gyfrol). Ond ar ddiwedd y gytgan olaf mae'n newid i, 'diwedd y gân adewais i ti.' Mae'r weithred syml o newid 'addewais' i 'adewais' yn dweud y stori'n gyfan.

Cymharwyd ef droeon â Bob Dylan. Ac mae yna debygrwydd. Ond mae yna wahaniaethau hefyd. Y mwyaf yw agwedd y ddau at fenywod a fu yn eu bywyd. Mae caneuon Bob yn llawn surni a chasineb yn aml. Mae rhai Meic yn gariadus ac yn atgofus.

Un o'm ffefrynnau yw 'Mynd i Ffwrdd Fel Hyn'. Ar 21 Rhagfyr 1989 rown i yng Nghaerdydd yn dathlu dau achlysur – parti Nadolig *Hel Straeon* a'm pen-blwydd yn hanner-cant oed. Y noson honno roedd Meic wedi trefnu i ganu yng Nghlwb Ifor Bach. Euthum yno. Ond roedd y gìg wedi'i chanslo ar y funud olaf. Dim ond Meic a ffrind iddo oedd yn y bar.

Digwyddais grybwyll wrtho mod i'n dathlu'r hanner-cant. Teimlai'n ddrwg am nad oedd ganddo bresant i mi. Dywedais wrtho mai'r presant gorau posib fyddai iddo ganu cân i mi. Cytunodd. Gofynnais am 'Mynd i Ffwrdd Fel Hyn'. Fe'i canodd i mi ar y llwyfan i far gwag. A dyna'r presant pen-blwydd gorau i mi ei dderbyn erioed.

Diolch, Meic a chroeso i'r ail gyfrol o'r hunangofiant.

Lyn Ebenezer

Pennod 1

Taith i'r Llydaw Go Iawn,

'Breiz go-feddw, Breizh go iawn'

(C. 1979 Plouyé, (Ger Carhaiy, canolbarth Llydaw))

Rydyn ni mewn tafarn hen fel pechod yng nghefn gwlad Llydaw – mewn pentre ffermio bach tua hanner can milltir i'r de o borthladd Roscoff ar bwys Morlaix ar arfordir y gogledd. Mae 'da'r dafarn lawr traddodiadol wedi'i neud o glai. Clai o lan yr afon yw'r clai, medden nhw wrtha i, wedi'i osod 'da llaw, yna ei lyfnu, fel bod y llawr yn wastad. Wedyn maen nhw'n gadael iddo fe sychu am ddiwrnod neu ddau. Pan mae e bron â bod yn sych, maen nhw'n cael parti, ac yn gwahodd y cymdogion i gyd, a phob un, wrth gwrs, yn gwisgo clocsie gwadne pren. Maen nhw'n bwyta, yn yfed ac yn dawnsio nes bod y llawr wedi cael ei ddawnsio i lawr yn solet braf – rhyw fath o gynhesu'r aelwyd hefyd! Dyna pam mae llawr clai traddodiadol yn gnapiog ac yn anwastad.

Sdim llawer i gael 'ma o ran celfi – tair neu bedair o fordydd simsan o wahanol fathe, ambell i stôl, rhywfaint o gadeirie, a hen focs hir i eistedd arno fe. Ddwedon nhw wrtha i y bydde'r bocs yn arfer cael ei ddefnyddio i roi cyrff newydd ynddo fe mas o'r golwg tra oedden nhw'n

9

aros i'r arch go iawn gyrraedd gan y trefnwr angladde! Mae hi'n dywyll mewn 'ma, fel y fagddu, a llwch a gwe corynnod ym mhobman, gwynt hen ddiod a chwys, baco, mwg coed a chŵn. Ddwedodd pobol wrthon ni am fynd 'na am fod 'da'r lle gerddoriaeth, awyrgylch a chymeriad. Mae'n amlwg taw palas wedi mynd â'i ben iddo yw e, lle sdim byd o bwys yn debygol o ddigwydd byth, heblaw y'ch bod chi'n credu y gallai meddwi fod yn ddigwyddiad pwysig. A dweud y gwir, dyma'n gwmws i beth mae'r lle hyn yn dda. Dwi'n gwbod yn nèt, achos dwi wedi bod 'na sawl gwaith, ac alla i ddweud heb flewyn ar dafod, ei bod hi'n help os y'ch chi wedi meddwi yna. Dyna'r peth gore oll i wneud o ddewisiade cyfyngedig dros ben, a gore po fwya meddw y'ch chi, wedyn mae'r lle'n dechre edrych yn weddol – cysurus hyd yn oed, jocôs, medde rhai. Mae hi'n rhyfeddol beth mae poteled neu ddwy o win, seidir neu fedd Llydewig o'r enw *chouchenn* – wedi'i wneud o seidir, mêl, a phethe eraill maen nhw'n dweud sy'n gyfrinach – yn gallu'i wneud i'ch brên chi. Mae'r bobl leol yn dweud wrthoch chi am beidio rhoi cynnig ar fynd lan y stâr ar ôl yfed *chouchenn* achos mae e'n gwneud i chi gwympo tua 'nôl yn ddiarwybod a falle anafu'ch hunan. Mae e'n beryg bywyd!

Hen whyth corn wedi mynd yn furddun yw'r bar yma, y corynnod wedi rhoi'r gore iddi ers ache, ond mae 'na deimlad ei fod e 'na o hyd, yn llechu mewn rhyw dwll tywyll yn aros i ysglyfaeth ddod dan suo drwy'r drws. Mae pob ceg fach isie'i bwydo!

Falle wir taw'r barman yw'r corryn, hen reibiwr wedi diflasu, wedi'i wisgo mewn crys gwerinwr heb goler, wasgod, watsh a chadwyn a thrwser melfarêd. Mae e wedi laru, yn hunanfodlon, yn ysu am damaid ac yn hanu o Ferthyr Tudful. Mae e wedi rhoi'r gore i fwyta, mae'n ormod o drafferth, a sdim amynedd 'da fe i weu gwe arall. Mae e'n conan am ei fyd a'r prinder clêr, ac mae e'n hen law ar ganu cocosaidd conan.

"Smo ni'n gneud gweoedd nawr, ma tafarne'n well. Allwch chi byth â meddwi yng nghanol whyth corn, allech chi gwmpo mas a cha'l eich bwyta 'da llyffant du."

"Ond alle rhyw groten secsi gusanu'r llyffant du a fydde'n troi wedyn yn froga glân, wedi 'ny fyddet ti'n rhan o hynna," cynigiodd un o nghariadon i oedd yn amal yn ffraeth ei thafod.

"Sda fi gynnig i'r teulu brenhinol," oedd ei ateb dirmygus.

Mae'r dafarn mor frwnt a sgrwblyd; mae fflwcs ym mhobman, ffrwcsach di-werth, cadeirie wedi torri, meincie garw, posteri wedi colli'u lliw yn hysbysebu cyngherdde a *Fest-noz*au (twmpathe dawns Llydaw) sydd wedi hen fynd yn angof. Cantorion a cherddorion gwerin, Che Guevara, Sitting Bull, Alan Stivell a George Brassens. Stwff y chwedege! Mae sgarffie tartan carpiog a macyne poced yn gorweddian ar hyd silffoedd y ffenest, jyrsis yn dylle pryfed i gyd, a phethe eraill nad oes neb moyn dod i'w nôl nhw. Mae'r dafarn fel lle yfed mae'r anifeilied wedi anghofio amdano fe. Dyma'n gwmws fan ar gyfer dawns tramps neu gynhadledd flynyddol ryngwladol crwydriaid – pecynne sigaréts wedi'u crychu, cachu llygod, baw stlymod, clêr wedi marw yn fframie llychlyd y ffenestri, crugyn o fwngrelod crachlyd yn chwyrnu dan y ford ac ysbrydion miliwn o boteli gweigion. Llwch, llwch, llwch, llwch anniwall. Llwch canrifoedd o botio, yn gymysg â gwynt chwys, baco a mwg coed sy'n gwneud yr awyrgylch yma. Mae gwagle, hudo a sglerosis yn hongian yma, prin yn anadlu. Yfwch nawr, talwch wedyn!

Mae'r fynwent leol yn gyfleus mas y bac ond fydd dim

angladd heddi. Ond mae rhywun wastad yn gallu dweud pan fydd angladd ar y trothwy. Mae gŵr y dafarn yn lewcan i mewn, yn gwynto o'r meirw. Mae'r rhan fwya o Lydawyr am i bobl feddwl eu bod nhw'n dduwiol, yn ysbrydol ymwybodol ac yn Babyddion pybyr. Ond dwi wedi bod yn rhan o'u defode rhyfedd nhw, a dwi'n gwybod yn nèt taw llwyth o baganiaid ydyn nhw, sy'n gythreuliaid am eu tamaid o joch y jyngl. Falle mod i wedi mynd ormod yn rhan o'r peth, meddwi dwi'n feddwl, a mod i'n siarad dwli – unwaith eto! Meddw, meddw a meddw eto! Mor berffaith feddw fel mod i byth a hefyd yn methu ngheg wrth drial yfed ac yn ei arllwys e i lawr fy ngholer neu dros f'ysgwydd neu i lawr ysgwydd rhywun arall. Ac yn dihuno drannoeth ar ôl canol dydd yn meddwl tybed lle ddiawl ydw i!

Ar ddiwrnode angladd, mae pobol yn cyrraedd yn ôl yr arfer, ond mae drws y ffrynt a'r llenni'n aros ar gau. A thua'r adeg mae cloch yr eglwys yn dechre canu mae'r dynion yn y bar yn diflannu, ar wahân i fwrjis y barmon sy'n yfed, yn sgwrsio ac yn smoco'n dawel wrth y bar. Cyn hir, mae menyw yn sleifio i mewn trwy'r drws, yn dweud yn dawel yn Llydaweg, "Maen nhw'n dod". Mae'r bwrjis yn rhuthro i edrych mas trwy fylche yn y llenni, a ninne hefyd. Mae hen offeiriad yn ei ffigarîs yn cario croes fawr addurnol euraid ar ffon hir, yn dod dan gerdded yn ara bach i lawr canol yr heol. I'w ddilyn e daw gorymdaith o bobl a golwg drist arnyn nhw, dynion gan mwya – ry'n ni'n nabod rhai ohonyn nhw o fod yn yfed yn y bar yn gynharach. Dy'n nhw ddim wedi newid eu dillad; mae'r rhan fwya o'r bobol yn gwisgo'u dillad cyffredin, mae rhai'n amlwg wedi dod yn syth o'u gwaith ar y tir. Yn eu canol nhw mae arch bren, ddiaddurn, blaen, yn cael ei chludo ar gert bedair olwyn isel 'da teiers rwber. Sdim sŵn o gwbwl, dim llawer o flode chwaith – mae hi'n annaearol o dawel. Mae'r osgordd yn mynd heibio heb siw na miw, mae hi fel ffilm fud ddu a gwyn mewn symudiad araf, sdim hyd yn oed ci'n cyfarth na sŵn car yn y pellter. Mae hi'r un peth bob tro a dwi wastad yn cael teimlad o wrthrychedd yn nwfn fy nghalon pan wela i ymadawiad i'r arall fyd. Mae'r orymdaith angladdol yn troi i'r chwith wrth y dafarn, ac ymlaen i'r fynwent. Pan fydd hi mas o'r golwg i lawr y lôn, mae'r bwrjis yn llamu'n ôl at y bar, yn sgwrsio, yn chwerthin ac yn tynnu coes nerth esgyrn eu penne, fel 'tai dim byd wedi digwydd – torri ar yr hud rywfodd. Mae gŵr y dafarn yn rhuthro o'r tu ôl i'r bar, yn agor y drws led y pen, yn rhwygo'r llenni ar agor ac ymhen ugain munud mae'r galarwyr yn cyrraedd a'r bar dan ei sang. Mae'n barti ar ei ben. Mae ffrindie gŵr y dafarn yn helpu i estyn diodydd, ac wedyn mae merched yn cyrraedd 'da hambyrdde mawr o fwyd. Cyn pen dim mae band o gerddorion yn chwarae pibgyrn Llydewig, acordion, ffidil a gitâr, ac yn taro cân yn y gornel. Mae'r ddiod yn llifo fel y Loire ar lawn llif ac mae'r holl le wedi'i oleuo fel Paris ar noson y Bastille.

Os oes rhaid i chi gysgu yno byth, fel dwi wedi'i wneud sawl tro, a chithe'n rhy feddw i yrru, dim pàs, dim cartre, neu mae'ch cartre chi'n rhy bell, bydd rhaid i chi fynd lan i'r stafell uwchben y bar, lan stâr gul, droellog trwy'r drws sy nesa at y cownter. Bydd rhaid i chi gysgu 'da heicwyr neu feicwyr o dramor, cerddorion uchel eu cloch o Iwerddon, meddwon o Gymry ar y cnap yn Llydaw, clerwyr crwydrol, artistiaid wedi mynd yn angof, alcis, pobol ar ddisberod, cŵn crwydr ac ambell i groten dinboeth. Byddwch chi'n cysgu mewn llofft hir isel, o dan hen drawstie derw, 'Clecwyr Pen', sy'n dal to llechi cam, a gallwch chi weld ambell lygedyn o leuad a llewych y sêr trwyddo fe. Ar y llawr pren llychlyd mae yna dair matres yn berwi â llau; pentwr o flancedi mochaidd a mwy eto o ddillad wedi'u taflu, lle cewch chi yn eu canol nhw ddillad tamaid bach mwy personol na sydd lawr llawr yn y bar! Mae 'na gelfi wedi torri yn domenni yn y corneli. Dyma ystafell wely *beatnik*. Fyddwch chi byth yn cofio mynd i'r gwely, fwy na thebyg, na chwaith yn gwybod lle byddwch chi pan ddihunwch chi! Ac fe gewch chi'ch dihuno'n go arw gan sŵn di-baid cloch yr eglwys ar bwys.

Ges i weledigaeth un tro o hen offeiriad, yr un oedd yn arwain yr orymdaith angladdol, un o hoelion wyth hendrwm Pabyddiaeth Geltaidd, yn ddu ei gasog, yn griddfan yn ei gorff crynedig wrth dynnu'r rhaff hir i'r nef yn ei deml ganoloesol dywyll iasoer. A minne'n synnu ac yn rhyfeddu at ei ddiwydrwydd, ei gysondeb a'i selogrwydd e, dim ond i ffindo mas yn ddiweddarach fod y gloch yn cael ei rheoli gan fecanwaith, wedi'i weirio wrth ddyfais amseru electronig! Yn ôl pob tebyg mae'r hen frawd yng ngwlad cwsg am bump y bore a'i hen wraig 'run mor hendrwm wrth ei ochor, yn rhannu hen gistwely mawr â'u chwyrnu.

Ond mae 'na rywbeth rhyfedd am y gloch 'na, dyw hi byth yn canu'n gwmws 'run amser – falle bod 'na fylche yn llif y cerrynt trydan. Cloch ffaeledig yw hi, falle'i bod hi'n feddw, 'run peth â phopeth arall yn y cyffinie hyn – hyd yn oed y tractore a'r Citroëns! Falle bod y Bugail da ei hunan hefyd yn feddw – byddai hynny'n taro. Fuodd e ar y *lambig* a'r *chouchenn* ac mae e wedi cwmpo lawr stâr wysg ei gefen! Diod Lydewig arall cryf iawn yw *lambig*. Mae'n cael ei wneud trwy ddistyllu seidir, fel arfer yn anghyfreithlon, mewn distyllbair dros dro sy'n cynnwys sosban bwysedd, torch o diwben copr, potel nwy a llosgwr, er bod 'na amrywiade eraill, ond dim byd rhamantus! Es i am ginio unwaith gyda ffrind o Lydawr, oedd yn ddiweddarach wedi gorfod rhoi'r gore i yfed am bedair blynedd, neu farw! (Nawr mae e'n Faer pentre cyfagos, yn ddrachtiwr mawr *extraordinaire*). Ar ôl y pryd bwyd, oedd yn cynnwys clun carw, wedi'i hela a'i ladd y diwrnod cynt, capie tyllog gwyllt a llysywod afon wedi'u pobi (pan ofynnodd Suzi beth oedden nhw, "Snakes," medde fe). A baril o Bordeaux ar ei ben e, fe ymesgusododd e, a gadael y bwrdd yn llwythog o bob diod allech chi feddwl amdanyn nhw. 9.30 yr hwyr oedd hi, a daeth e'n ôl am 6.30 y bore, wedi bod wrthi'n gwneud *lambig*, wedi distyllu 36 litr yn ystod yr amser ac wedi'i roi trwy'r distyllbair chwe gwaith i losgi'r gwenwyn. Ofynnais i a gaen ni flasu peth, ysgydwodd e'i ben yn ffyrnig, rhuthro mas, wedyn 'nôl ag e 'da chasgen fach bren dan ei gesail. *"Dreenk zees, eet ees bettaire,"* meddai, a llenwi'n gwydre ni eto. Roedd y *lambig* yma, medde fe wrthon ni, yn bedair blwydd oed. *"Eet ees very good!"* Ac felly'r oedd e, mewn ffordd, fel mae codwr paent.

Unwaith, yn nhŷ ffermwr ar bwys St Malo, aeth e â fi i'r seler, lle'r oedd baril mawr pren yn sefyll. Tynnodd y ferch, Chantal, y topyn o ben y baril, a dyma wynt bendigedig alcohol mewn oed yn llenwi'r awyr. Rhoddodd hi flas i fi – roedd e'n debyg i *Benedictine*! *Lambig* trigain mlwydd oed oedd e. Priododd ffrind arall â merch ffermwr seidir, ac roedd yr hen ŵr i'w weld ar noswyl y briodas yn palu'n wyllt yn yr ardd 'da rhaw. Pan ofynnon nhw beth oedd e'n neud, dwedodd e wrthyn nhw, o'i anfodd, ei fod e'n trial dod o hyd i gasgen o *lambig* roedd e wedi'i chwato rhag yr Almaenwyr yn ystod y rhyfel. Cafodd pawb rawie ac, yn y diwedd, dod o hyd i gasgen o *lambig* oedd wedi aeddfedu'n hyfryd ar ôl deugain mlynedd dan ddaear! Mae hen *lambig* wedi'i aeddfedu mewn derw yn *lambic* heb ei ail!

Pan fyddwn ni'n cysgu yn y llofft uwchben y bar, byddwn

ni'n codi pabell, a'i chrogi o ddistie'r to. Peidiwch byth ag anghofio mynd â phabell fach 'da chi pan fyddwch chi'n mynd i'r 'Llydaw go iawn'. Cofiwch chi, mae'r croeso'n ddidwyll a phopeth at eich gofyn. Cewch chi'ch gwahodd i dai pobol, a rhoddan nhw fwyd i chi wedi'i goginio'n fendigedig – *crêpes*, pysgod, *langoustines*, cranc, tiwna ffres, wystrys, cegddu, eog a siarcod cochion. A rhoddan nhw i chi win godidog: Muscadet Sur Lie a Bordeaux a Burgundy a'r seidre mwya amheuthun y gallwch chi'u dychmygu, nes byddwch chi mor feddw bydd arnoch chi gywilydd, ond gore po fwya meddw fyddwch chi o'u rhan nhw. Yn ddiweddarach ân nhw â chi i'r gwely a charu gyda chi os y'ch chi moyn! *"Eet ees normal!"* ddwedan nhw yn y bore.

Yn aml, yn yr hydref, mae hi'n diwel y glaw, ambell waith am ddyddiau. Mae glaw'n arllwys o nef uwch yn Llydaw na'i chymydog ym Mhrydain. Mae to'r llofft uwchben y bar yn gollwng, wrth gwrs, fel gogor, sy'n gwneud pethe'n anghysurus iawn, a phistyll o ddŵr yn piso rhwng y llechi ar y meddwon sydd ynghwsg ar eu matresi strebogaidd islaw. Mae'r hepwyr meddw, y cariadon â'u penne mawr, wedi cwmpo, heb gragen i ymgrogi, yn dwll, yn wlyb boten, heb yr un ffado, yn noethlymun borcyn, i gyd dan bwyse. Mae cerddorion, crwydriaid, clerwyr pen rhewl, artistiaid angof, eu cymheiriaid a'u cŵn, sy'n udo ac udo am wae, yn cael eu dihuno'n arw ac wedi'u rhwygo'n gyndyn o'u cwsg, maen nhw'n llamu am y stâr i'r bar islaw. Ond ry'n ni, greaduried Baden Powell, yn glyd yn ein gwersyllfa, ac ar ben ein digon 'da'n sache cysgu pluog, *baguettes*, Camembert, seidir a phot piso! Mae'r doethion islaw'n cynne tân ar yr hen aelwyd garreg, yn ailddechre yfed ac yn weindio'r stereo y tu ôl i'r bar. Cyn pen dim mae'r awyr yn llawn cynhesrwydd, mwg coed a seiniau Christy Moore, y Bothy Band neu Alan Stivell.

Mae drws y ffrynt yn cael ei gloi bob amser ar ôl stop tap gan y corryn nos da, wedi'i dala hi, yn gogian bant ar ei ffordd tua thre i'w dŷ gerllaw yn ei drowsus melfarêd chwe choes. Unwaith y'ch chi i mewn, dyna ni, allwch chi ddim dianc nes bo canol dydd trannoeth pan ddaw'r corryn yn ei ôl, ambellwaith 'da chrwydiaid eraill sydd wedi cysgu yn ei we arall e'r noson honno. Fel arfer mae rhywun yn golchi'r gwydre ac yn brwsio'r llawr yn lle talu rhent, er na fyddech chi byth yn sylwi. Ond pan fydd hi'n bwrw glaw yn yr hydref, mae pylle'n casglu ar y llawr clai a lle mae 'na gerddoriaeth mae'n rhaid cael canu a dawnsio, a chyn pen dim mae'r meddwon wedi'u caglo â llaca, ond sdim ots 'da neb! Ry'n ni i gyd yn feddw eto, wedi'n twymo gan y tân coed mawr, wisgi brag, *chouchenn*, Cognac a photeli seidir a Côtes du Rhone trwy'r trwch. Mae 'da'r corryn hobi, ffotograffiaeth, ac mae 'na ddwsine o giplunie o lanast meddw wedi'u pasto lan ar yr hen drawstie derw. Oriel meddwon rhyngwladol yw hi. Polaroids o bobol feddw'n gwneud pethe meddw – dawnsio ar y byrdde a'r bar, puteinio ar y celfi, yn fflachio'u bronne neu'u dirgelion, neu'n cysgu fel tyrchod yn chwil ulw bitsh. Wrthododd un o nghyn-gariadon i adael iddo fe roi ciplun lan ohoni hi, yn dawnsio'n borcyn ac yn llaca o'i chorun i'w sowdwl, ond crogodd hi'i sane neilon duon a'i llinynne gardyse yn lle hynny, ac roedden nhw'n dal i grogi'n amddifad o hoelen y tro dwetha ro'n i 'na! A gŵr y dafarn yn dipyn o bornograffydd roedd hynny'n fêl ar ei fysedd e.

Y peth mwya dramatig ddigwyddodd i mi yno, oedd pan ddysges i hedfan. Roedd rhywun wedi gadael sbwriel ar y stâr, mewn man tywyll iawn. Codais i'n hwyr un prynhawn a mynd lawr stâr i ymuno â'r parti, ddamshelais i ar beth, fel digwyddodd hi, oedd yn hen sosban a hedfan lawr y stâr, trwy'r drws caeedig ar y gwaelod, ei falu fe'n

yfflon ulw, heibio'r bar a glanio wysg 'y nghefen ar fwrdd
lle'r oedd pump o Almaenwyr yn meddwi. Roedd 'na guro
dwylo gwyllt a fe gafodd e'i bleidleisio yn act y flwyddyn.
Sylwodd neb ar 'y mhoen i. Ond fe wthiwyd diodydd arna
i a chyn bo hir do'n i'n teimlo dim. Ond da o beth mod i'n
gallu yfed ar wastad fy nghefen, achos o'n i'n ffili codi o'r
llawr. Bore trannoeth allwn i byth â chodi oddi ar y fatres
felly yno bues i'n gorwedd am ddiwrnod neu ddau a Suzi
ddrwg yn rhoi cynnig ar ofalu amdana i rhwng diodydd,
tra oedd y parti lawr llawr yn dal i fynd fel tân gwyllt.
Yn ddiweddarach, pan sylweddolodd y corryn a'i fwrjis
mod i wedi anafu, dyma alw car (anaml byddan nhw'n
gyrru, am resyme amlwg!) a ges i ngyrru trwy gurlaw
i far arall mewn pentre gerllaw. Roedd y lle yma'n far
nodweddiadol 'Llydewig Go Iawn, Matto Grosso', hen
dŷ cerrig 'da'r arwydd cwrw Kanter brau di-ffael ar ben
y drws. Le Croix Rouge oedd y pentre, a'i drigolion yn
Rhosgroesogion penboeth, enwad Cristnogol anhysbys.
Bar cefn gwlad nodweddiadol, a golwg tŷ cyffredin arno
fe, ar wahân i'r arwydd. Bar gwirod i'r chwith, cownter
groser i'r dde, lle byw rhywle yn nyfnderoedd yr adeilad.
Mae gan bob pentre 'Llydewig Go Iawn' un neu fwy o'r
llefydd hyn; mae hi fel petai 'da nhw farre mewn llefydd
anghyffredin eraill, fel siop y cigydd, y pobydd, tŷ hen
wraig oedd yn gwerthu olew lampe. Unwaith, pan es i
i dre fach dwristaidd o'r enw Huelgoat ('Uchelgoed' yn
Gymraeg) i brynu pedole i nghlocsie, gwir i wala, dyna
lle'r oedd bar yng nghefen y siop sgidie a grŵp o hen
ddynion uwchben Pernod y bore! Huelgoat hefyd yw safle
pentwr anferth o feini crwydr a adawyd gan rewlif ar ôl
Oes yr Iâ. Mae 'na hefyd gaer Felgig anferth o'r Oesoedd
Efydd a Haearn o'r enw 'Gwersyll Arthur' yng nghanol
coedwig dderw drwchus.

Cafon ni'n cyfarch wrth fynd i mewn i'r bar gan ddyn

mewn gwth o oedran, Llydawr nodweddiadol, byrdew, trwm ei sgwydde. Cyflwynodd Mish Tomas, ein gyrrwr ni, fel ei dad, ein tywys ni at y bar a dechre,agor poteli o gwrw Pelforth, un o'r mathau cryfa, mwya blasus o gwrw Ffrainc. Ro'n i yn fy nyble o hyd ac yn becso braidd rhag ofon bod rhyw anaf mewnol 'da fi. Gofynnais i i Mish Tomas a oedd hi'n syniad da i yfed, ond na, fydde popeth yn iawn a nâi e les i fi, medde fe. Roedd hwylie da ar Mish Tomas, er gwaetha'r monsŵn oedd yn dal i fod, ac roedd e wrth ei fodd ein bod ni yno. Taflodd Suzi gip pryderus arna i ond daliodd M Tomas i agor mwy o boteli. Wrth i ni yfed ein ffordd trwy ddwsin neu ddau o boteli o gwrw, dwedodd Mish y gyrrwr, oedd â'i dafarn ei hun lle'r o'n i'n arfer canu, wrthon ni fod ei dad e'n *guérisseur*. Nid meddyg â chymwysterau oedd e, ond iachäwr, a allai iacháu unrhyw beth bron, pob math o anhwyldere, gan gynnwys 'anafiade chwaraeon' fel oedd 'da fi. Roedd e'n gallu iacháu gwynegon, cymalwst, llid ar y croen, defaid, cala cwrw, anffrwythlondeb a phробleme eraill y stafell wely. Roedd e hefyd yn gallu bwrw cythreulied a bwrw ysbrydion dieflig! Y cwbwl o'n i moyn ar y pryd oedd pigiad mawr o forffin!

Ar ôl mwy o gwrw, aeth M Tomas â fi trwy gegin lle'r oedd ei wraig e – hen fenyw fach swynol, yn eistedd yn gwnïo mewn cadair fawr bren wrth ffwrn Aga, wedyn i barlwr, yn gwmws fel hen barlwr yng Nghymru ers ache – y math nad oedd yn cael ei ddefnyddio ond ar y Sul a lle'r oedd cartref holl atgofion cu'r teulu. Roedd yr holl geriach arferol yno, seld dal â'i llond o jwge a phlate â phatryme – mae'r Llydawyr yn grochenwyr tan gamp – a llunie o bobl ofnus yr olwg mewn dillad Oes Fictoria ac Edward mewn fframie pren trymion wedi'u naddu. Yng nghanol yr ystafell roedd 'na ford fawr bren, a mat ffisiotherapydd arni. Dwedodd e wrtha i am dynnu oddi amdana i'n gyfan gwbwl a gorwedd i lawr ar fy ngwyneb ar y mat. (Yn amlwg, roedd Mish Tomas, ei fab, wedi dweud wrtho fe mod i wedi anafu nghefen.) Wnes i hyn 'da thipyn o drafferth. Y'ch chi wedi rhoi cynnig erioed ar fynd lan ar ben ford pelydr-X 'da thri neu bedwar o asenne wedi'u torri? Roedd hi'n waeth na hynny! Wedyn, teimles i'i ddwylo fe'n trin gwadne nhraed i, wedyn yn ara ac yn gadarn lan fy nghoese i, fel tase fe'n chwilio am rywbeth. Pan ddaeth e at foche nhin i, ddwedodd e rywbeth dan ei wynt, wedyn plannu'i fodie i nghnawd i. Saethodd bollt o wewyr o nhin i, lan asgwrn fy nghefen i ac i mhen i! Agos i fi bango, ges i gonfylsiwn a chwmpo oddi ar y ford. Rhoddodd M Tomas help llaw i fi fynd 'nôl ar yr arteithglwyd, wedyn yn ei flaen ag e lan asgwrn fy nghefen i, gan drin y gleinie *en route*. Teimles i ddolur y diwrnod hwnnw fwy nag y teimles i erioed o'r blaen, ond diolch i'r drefn roedd y dolur o'r gwaith ar fy mhen-ôl i yn bwrw'r holl ddolur arall i'r cysgod i radde, a minne'n meddwl yn f'artaith be ffwc o'n i'n neud yno!

Roedd 'da M Tomas allweddi i'r system nerfol, heb os nac oni bai! Gobeithio o'n i 'i fod e'n deall ei bethe. Ar ôl tua ugain munud, rhoddodd e'r gore i'r driniaeth a chlywes i fe'n tynnu rhywbeth mas o ddrâr. Dwedodd e wrtha i am beidio ag edrych a rhoi rhywbeth wrth ochr 'y mhen i. Aeth chwilfrydedd yn drech na fi a fwres i gipolwg – cwdyn bach lledr du oedd e, tua maint watsh boced ac ohono fe dynnodd e rywbeth o gwdyn arall melfed piws. O hwn, tynnodd e rywbeth metal, a chadwyn hir aur neu arian, rhyw fath o amwled, ond welais i mono fe'n iawn. Dwi'n credu iddo fe grogi hwn uwch 'y nghefen i am dipyn, gan ei symud e lan a lawr. Chyffyrddodd e ddim yndda i o gwbwl, ac wedyn rhoddodd e fe'n ôl yn ei gâs a dweud wrtha i am wisgo amdana. Wrth i mi wisgo ro'n i'n meddwl tybed beth oedd y peth dirgel yma a beth oedd ei ddiben e. Hebryngodd M Tomas fi'n ôl mas heibio'r fenyw'n gwnïo ac at y bar eto.

Roedd y lleill yn dal yno yn slochian cwrw. Roedd M Tomas mewn hwylie parti o hyd, llamodd e'n ôl y tu ôl i'r bar, agor poteli ac estyn rownd arall o ddiodydd. Roedd golwg foddhaus ar ei wyneb e, 'run peth â welwch chi ar wyneb arbenigwr sydd newydd ddatrys problem anferth. Roedd dolur 'da fi o hyd, ond ro'n i'n iawn os o'n i'n aros mewn un osgo, â nghefen i'n grwm a mhen-ôl i'n stico mas. Ro'n i'n teimlo fel Quasimodo ar noson wael. Dwedodd M Tomas y byddwn i'n dostach drannoeth ond y byddwn i'n iawn i deithio'r bore wedyn. Gan chwerthin a gwenu i gyd, cododd e hanner can ffranc arna i am y driniaeth; dalais i iddo fe 'da phapur can ffranc, a dwedodd e y byddai'r newid yn mynd tuag at gost y diodydd a chodi dau gant arall arna i ar ben hynny wedyn. Do'n i ddim mewn hwylie dadlau a'r cwbwl o'n i moyn oedd mynd 'nôl i'r gwely, ond agorodd M Tomas rownd arall o gwrw yn rhad ac am ddim! Erbyn hyn ro'n i'n feddw eto ac wedi drysu hefyd ac yn meddwl sut ddiawl allen ni adael heb bechu. Suzi ddaeth i'r adwy 'da stori'n bod ni'n gorfod mynd am ginio 'da grŵp o gerddorion o'r cylch, a oedd newydd ddod 'nôl o berfformiad ym Mhalas Elyseé ym Mharis, lle'r oedden nhw'n perfformio o flaen Jacques Chirac a Valéry Giscard d'Estaing a phobol fawr eraill. Roedd golwg grac ar M Tomas, am y tro cynta, a dwedodd e fod y cerddorion hynny'n fradwyr yr achos a doedd 'da pobol y cylch fawr i'w ddweud wrthyn nhw, a bod y rhan fwya o bobol yn genedlaetholwyr Llydewig. O'r diwedd roedd hi'n bryd i ni fynd, felly dyma ni'n gogian mas i'r glaw gan ddiolch i Bacchus. Ro'n ni'n chwil eto, wedi'n hanesthetigo cyn pryd – nid tan hynny y sylweddoles i'i fod e i gyd yn rhan o'r driniaeth! Dim ond 11.30 y bore oedd hi!! Ges i wybod bod M Tomas hefyd yn ffisio tîm pêl-droed y pentre!

Drannoeth, roedd y gwaetha o'r dolur wedi mynd, felly arhoson ni yn nhŷ rhywun ar bwys. Y noson honno, roedd y dafarn yn ddigon tebyg i drybola byfflos. Fore trannoeth cychwynnon ni am Roscoff, gan alw heibio i Roger yn Ty Coz, Morlaix, am ginio ar y ffordd. (Mae Roger wedi marw bellach.) Dreulion ni awr neu ddwy braf yn aros i fynd ar y llong, yn Café de la Poste, y *crêperie* gore yn Roscoff, lle cafon ni *cidre bouché* blasus, *Moules Marinières* ac ambell i *crêpe* ar ben hynny – mae'r bwyd ar y llong yn gachu. Mae'r seidir gore yn Llydaw'n cael ei wneud gan M. Sychedig, yn la Forêt-Fouesnant ger Kemper. Sychedig o ddiawl! Ysgwn i beth ydi 'Diwallwr Mawr a meddw y bydysawd' yn Llydaweg.

Felly, dyma gyrraedd Plymouth ar y *Prince of Brittany*. Fel arfer, hen fore gwlyb, llwyd oedd hi a ni'n edifar na fydden ni wedi aros yn Llydaw. Dwi erioed wedi dod tua thre trwy'r tollau heb gael fy chwilio. Bob tro maen nhw'n gweld câs gitâr, mae'u llygaid nhw'n pefrio! Y peth dwetha 'nawn i yw mynd trwy'r tollau'n edrych fel cerddor! Unwaith, daethon ni'n ôl trwy Plymouth ar ôl taith bythefnos mewn bandwagen. Cafon ni'n ffaldio i sièd anferth a chael y driniaeth lawn, tra oedd yr holl gerbyde eraill yn gwibio heibio i ni. Mae'r cyffurie yn hwnco manco, medde fi wrth y Gestapo, a gwneud arwydd ar ryw Aston Martin oedd yn union o'n blaene ni a synnen i damaid nad oedd e! Gwagiodd swyddogion y tolle'r holl offer o'r fan, ac wedyn dechre'u tynnu nhw'n ddarne. Ro'n nhw'n tynnu camera a lensys y prif gitarydd yn dipie, wedyn aethon nhw â Suzi a Mark, y drymiwr, na smociodd erioed sbliff yn ei fyw, er mwyn eu chwilio'n noeth, ac ar yr un pryd diferu cemegau o'r tabledi pen tost roedd mam y chwaraewr basgrwth wedi'u rhoi iddo fe! Wedyn roedd y foned lan 'da nhw ac ro'n nhw'n tynnu'r motor o' wrth ei gilydd ac roedd rhai o dan y cerbyd 'da fflacholeuade. Dyma Santos, ein gyrrwr ni – morwr mawr du o chwaraewr rygbi o Tiger Bay yng Nghaerdydd – yn dweud wrthyn nhw'i fod e'n gwbod y rheole ac y bydde'n rhaid iddyn nhw roi popeth yn ôl yn ei le eto. Roedd bois y tollau 'na wedi dwlu ar sgriwdreifers! Dwedais i wrth un ohonyn nhw, bachan 'da wyneb llwynog ac acen Llundain, tasen i'n smyglo unrhyw beth, châi e ddim hyd iddo fe ta beth! Yn y cyfamser, hwyliodd y cwch eto ac roedd y *Bureau de Change* wedi cau. Doedd dim arian sterling 'da ni, dim ond sypyn blydi anferth o ffrancs! Ond cafodd y prif gitarydd hyd i lyfr siec 'da un siec yn unig ynddo fe, a dyma lenwi'r tanc a mynd o Plymouth am ein bywyde. Medde Santos y gyrrwr, "Der' â photel sidir i fi". Roedd dwsine 'da ni mewn poteli heb labeli, achos taw seidir fferm cartref oedd e. Roedd 'na botel neu ddwy o *lambig* hefyd, ac fe dynnodd Santos sbliff hir anferth mas o'i boced a'i danio fe. "I gythrel â nhw!" medde fe.

Cyrhaeddon ni Gaerdydd, yn slochian seidir Llydaw ac yn canu nerth esgyrn ein penne, a mynd yn syth i'r Royal Oak, tafarn Wyddelig yn Broadway, a newid ffrancs 'da Kitty Burns y dafarnwraig garedig. Roedd hi'n braf blasu peint o Brains S.A. eto. Roedd Santos yn Llundain wythnos yn ddiweddarach, yn helpu gosod arddangosfa yn Olympia. Mae e'n saer coed hefyd ac yn ganwr y felan tan gamp. Roedd hi'n dwym iawn a'r dafarn agosa'n bell. Cofiodd e am boteled o seidir Llydaw yn ei fan, tynnu'r corcyn a chymryd llowc sychedig anferth. *Lambig* oedd e!! Roedd e wedi'i glwyfo'n ddifrifol a dechreuodd e boeri gwaed! Ond fuodd e byw, 'run peth â'r gweddill ohonon ni! Mae 'na lawer i'w ddweud dros y cadernid a'r gwytnwch a'r gallu i gladdu llond gwlad o ddiod y mae rhai cerddorion yn gallu gneud!!!

Draw dros y don
(Ar y ffordd i Rennes) – 1974

"BLWW-W-W!" CANODD JONI MITCHELL dlos ym 1969. A dyna beth welwn o flaen llygad y bobol ar ein llong fferi ni, y *Pen-ar-Bed*, yn llywio'i ffordd trwy greigresi geirwon: y creigiau tywyll, peryglus sy'n gwarchod genau porthladd Rosko (Roscoff) yn Llydaw. Yn fygythiol, yn torri trwy ddygyfor y don; ewyn tonnau'r wawr, cyn lased â lapis-laswli, carreg fwyaf cysegredig y Pharoaid yn yr Aifft, a minnau. Lloerfaen anhygoel o las sy'n cael ei gloddio ym mynyddoedd gogledd Affganistan yw'r lapis-laswli, sydd ambell waith yn cael ei falu'n llwch mân mewn pestl a'i gymysgu ag olewau i wneud un o hoff liwiau paent arlunwyr yr Oesoedd Canol – lliw lledrithiol yn wir.

Roedd Joni newydd fagu mân esgyrn a geni croten fach a aethpwyd oddi arni i'w mabwysiadu, am resymau personol – dirgel yw ffyrdd yr Arglwydd. Dyma'r stori drist oedd ar led yn swyddfa Warner Brothers yn New Oxford Street Llundain pan oeddwn i'n recordio f'albwm *Outlander*. Roeddwn i'n drist fod y fath beth wedi digwydd iddi a phopeth oedd arna i'i angen 'da fi yn Fferm Caerforiog, a dwy groten fach i'w caru a'u hanwylo. Glywais i hefyd fod Joni wedi mynd bant ar ôl y geni, i deithio gyda ffrind, a'u bod nhw wedi cyrraedd lle yng

Nghreta o'r enw Matala, lle'r oedd gwladfa hipis yn byw mewn ogofeydd. Ar ôl gwagswmera ar lan y môr roedden nhw wedi casglu sbwriel mewn sachau, felly bant â nhw un bore i gael hyd i domen y pentre.

Roedd y diwrnod yn poethi a hithau bron yn ganol dydd a doedd dim tomen i'w chael. Roedden nhw jest â thagu, felly aethon nhw i dafarn o'r enw'r Mermaid Café lle gwelson nhw ddyn mawr gwallt coch yn sgubo'r llawr. "Twym," medde'r cawr trwy'i ffluwch o locsyn, "chi mo'yn diod?"

"Ry'n ni'n chwilio am rywle i ddympio'r ffrwcs hyn. Ble mae'r domen?"

"Fan hyn," medde fe, gan fachu'r bagiau a'u harllwys nhw ar lawr. "Tomen yw'r holl le 'ma!" Chwarddodd e, a Joni a'i ffrind. Carey oedd e, o gân enwog Joni, a chwarddon nhw ac yfed ei hochor hi a lluchio'u gwydrau gwag ar lawr. Fu Joni'n tin-droi yn Matala am dipyn, wedyn mewn angen dybryd bath twym a rhai o foethau gwareiddiad... "Maybe I'll go to Amsterdam, maybe I'll go to Rome." Yn ddiweddarach, yn ei hôl i California yr aeth hi. Fuasai Carey yn was ransh ar un adeg, yn ddiweddarach ddangosodd e'i big a gafodd hi waith iddo fe ar ransh un o'i ffrindiau.

Y wawr o liw'r asurfaen, yn frith o gymylau blew geifr saffirlas, rhosliw neon, porffor; piwswyn, lliw lelog a golau dall melyn yn fflachio yn awyr y dwyrain. Roedd yr haul yn hofran eiliadau o dan y gorwel a fe gododd wrth i'n llong dorri'n wyrthiol trwy'r drysni o greigresi dan law capten deheuig. Daeth hi mas yng ngloywder y wawr i ddyfroedd tawel yng nghysgod clogwyni isel tywyll Llydaw.

Cododd mur cei ar y dde uwchben trwyn y llong, a

gwyliais i swyddog llong fel pìn mewn papur a dau ddecmon yn dal y rhaffau trwm a daflwyd i lawr o'r lanfa uwchben. Bachwyd y rhain mewn winshis yn ddeche a'r swyddog yn siarad Ffrangeg i'w radio fel melin bupur, ac yn rhu taranllyd y motorau fe ddociodd y *Pen-ar-Bed*. Wedyn daeth chwythu a rhygnu angenfilaidd drysau anferth y bwrdd ceir yn agor yn ara, ymhell oddi tanom.

Roedd Joni'n dal i ganu yn fy mhen i wrth i'r wawr las bylu, a thorrodd yr haul ar y clogwyni yn fflach ddigon i'ch dallu.

"Songs are like tattoos, you know I've been to sea before; Crown and anchor me and let me sail away!" Roedd ein llong, y *Pen-ar-Bed* – diwedd y byd ydi'r trosiad Cymraeg – yn gorwedd yn ddiogel yn nyfroedd tawel porthladd Rosko felly es i'r tu ôl i mo'yn Gwenllian oedd yn cysgu gyda'n cydau teithio a'n hofferynnau ni. Dyma'r tro cynta i mi lanio yn Llydaw, ond roedd Gwenlli wedi bod yno sawl gwaith.

Ro'n i heb gysgu winc ar y daith o Plymouth. Yn lle hynny, bûm i'n difyrru ein cyd-deithwyr nos â thipyn go lew o ganeuon, y rhan fwya ohonyn nhw yn Gymraeg. Ro'n ni wedi cael sesh dan gamp, pawb wedi mwynhau'u hunain, ac roedd crugyn o ddiod wedi mynd lawr y lôn goch. Chaeodd y bar ddim y noson honno.

Fyddwn i byth yn cael pen mawr pan o'n i'n ifanc. Os o'n i wedi bod yn llosgi'r gannwyll, drannoeth fyddwn i'n teimlo rhyw fath o hwyliau da amffetamin penwag, yn benwan ac yn nofiol braf. Yn flinedig ac yn llesg, ond byth yn diodde o ben clwc na chyfog. Roedd fy mhen i wastad yn glir ac yn barod am fwy o gyffro, yn tagu o eisiau diod, wedi palo, ond dim dichon cysgu.

Roeson ni'n cydau teithio ar ein cefnau, bachu'r pethau eraill a'r gitâr a'r mandolin yn ei gasyn lleder coch, wedyn i lawr trwy'r bwrlwm o bobol yn cythru i adael. I lawr y pomprenni a phyllau staer y llong i'r bwrdd ceir isaf. Doedd gyda ni ddim car na chaban, digon tebyg i deithwyr tlawd y trydydd dosbarth slawer dydd, teithwyr di-nod ar ddeudroed yn fflychio yn y dorf dan bwysau ein geriach, yn igam-ogamu fel cwsgrodwyr trwy ogof ddur uchel y bwrdd ceir. Dacw'r ceir, y lorris, y faniau a'r cerbydau gwersylla yn llawn dop o becynnau, yn chwydu mwg diesel a'u teithwyr yn aros eu tro yn ddiamynedd i adael y llong.

Roedd y sŵn yn fyddarol, gwynt mwg y cerbydau, y chwys a chachu'r da yn brefu yn y lorïau gwartheg yn esgus da i'w gwadnu hi i bridd Llydaw. Felly adawon ni'r llong, gan gerdded yn gloi lan y ramp a ffrwd ddiddiwedd o draffig yn symud fel malwod wrth ein hochor ni.

Bryd hynny, roedd porthladd Rosko yn newydd sbon danlli, yn dal i gael ei godi, fel ceudwll, yn safle adeiladu cyn i'r adeiladwyr gyrraedd. Mae'r glannau'n isel iawn fan hyn, dim traeth, dim ond clogwyni isel creigiog, anialdir o bridd carreg glai coch ac ambell i adeilad o ddur, coed a choncrid. Cytiau sinc ar eu cwrcwd yn y llwch pell.

Felly dyma ni, yn ddau drempyn cysglyd, yn cael hyd i'r man croeso a'r dollborth, nad oedd yn bod – neb i fwrw golwg ar ein pasbortiau Prydeinig newydd glân – a dyma ddod o hyd i far eto. Roedd y bar yma'n wahanol, yng nghanol crugyn o Ffrancwyr, yn llongwyr ac yn yrwyr lorris, i gyd yn gweiddi nerth esgyrn eu pennau ar yr un pryd ag yfed coffi, Cognac a gwydreidiau o lager fel 'tai'u bywydau nhw yn y fantol. Ymwasgon ni i mewn – fyddai coffi du cryf a cognac yn ein hadfywio ni ac yn rhoi hwb i ni ar ein taith i Rennes, y ffordd i dddistryw, clod neu olud, doedd dim ots bellach! Ro'n ni'n rhy ifanc i farw a fy niwrnod lwcus i oedd hi – dydd Gwener y trydydd ar ddeg!

Sawl joch yn ddiweddarach, ar ôl i'r gwallgofrwydd ostegu ac wedi i'r teithwyr anniben ar eu hynt i Plymouth – rhai ohonyn nhw wedi cysgu yn y terminws – wthio'u ffordd ar y llong, aeth Gwenlli a fi mas yn simsan i fore ffein o haf, torri'n cwys blinedig i chwilio am y Café de la Poste, yn dilyn argymhelliad barmon pendrwm.

Erbyn hynnny ro'n ni ar ein cythlwng ac arnon ni syched hefyd! Ofynnon ni am *crêpes complets* – crempog â'u llond o gig moch, wyau, menyn a chaws. Dyna'r ffurf Lydewig ar y byrgyr bryd hynny siŵr o fod, ond yn llawer mwy blasus ac fel arfer yn cael ei choginio o'ch blaen chi ar dân nwy. Ond mae i *crêpes* enaid gwahanol i fyrgyrs yr UD: mae *crêpes* yn draddodiadol ac yn fwy gwâr o lawer. Allai rhywun ddadlau mai'r Ffrancwyr yw'r gwneuthurwyr sawsiau gorau yn y byd ond doedd dim sôn am sôs coch na sôs brown. Daeth y weinyddes â llond jwg o *cidre bouché* hefyd – seidir fferm. Yn ôl llên gwerin Llydaw *cidre* yw diod traddodiadol Celtiaid yr henfyd, ac mae seidir a'r diodydd sy'n deillio ohono – *chouchenn* (medd) a *lambig* (seidir distyll tebyg iawn i Calvados) yn cael eu trin â pharch sydd ond y dim â bod yn grefydd. Mae gan y rhan fwyaf o ffermwyr Llydaw berllannau ac o'u hafalau maen nhw'n gwneud rhai o'r seidrau gorau yn y byd. Mae rhai'n gwneud *chouchenn* a *lambig* hefyd – fydd yna fyth brinder diod yn Llydaw! – diolch i'r Celtiaid a hanfod hynafol, hudol, hynod o feddwol yr afal cysegredig.

Ro'n ni ymhlith bagad o giniawyr cynnar. Lliwiau brown a gwyrdd y buarth gan mwyaf, *bérets* yn llu a sierŵts a Gauloises, hefyd dillad gleision pŵl y pysgotwyr yn eu capiau pig a'r jyrsis Llydewig sy'n botymu ar yr ysgwydd chwith. Roedd pastis, coffi a Cognac yn llifo'n ddidaro mewn tarth o fwg baco. Mae croeso Llydaw yn gynnes, yn *fumé* a'r gorau yn Ewrop. Ychydig oriau ynghynt ro'n ni yn Lloegr, Duw a'n gwaredo!

Rywfodd neu'i gilydd fe sleifiodd y gitâr mas o'i gâs, a brandi neu ddau eto'n cyrraedd fel pe bai trwy hud. Dau gariad yn aros am drên bore cynnar mewn gwlad dros y môr – gwlad ddieithr ond cyfarwydd, rywfodd. Ro'n ni wedi blino'n lân ond ro'n ni'n hapus.

Mae Rosko yn enwog am ei winwns. Maen nhw'n borffor-goch eu lliw ac mae'r cnawd yn lliw cain y machlud ar gae o lafant yn ei flodau ar ôl iddi fod yn pluo eira – mewn geiriau eraill, pinc golau! Prydain, a de Cymru yn benodol, yw'r farchnad draddodiadol ar gyfer y winwns hyn, winwns gwych y machlud. Y Llydawyr yw'n cefndryd Celtaidd traddodiadol ni ac mae gyda ni lawer o draddodiadau ac arferion tebyg. Mae cwch o Roscoff ac arno fe lwyth o winwns coch yn dal i ddod i Gaerdydd bob blwyddyn ac mae tyfwyr winwns Llydaw yn hala'u crotesi a'u cryts ifainc ar feics, fel blagur Mai gan winwns, wedi'u gweu'n ddeheuig yn rhaffeidiau hir, pleth. Maen nhw i'w gweld ar yr Aes yng Nghaerdydd ddechrau'r haf. Maen nhw'n ddrud iawn, ond yn gaffaeliad i'w cael, yn hongian ar hoelen ar bared y gegin, a phan fydd arnoch chi angen winwnsyn ar gyfer y cyri neu'r sosej a thato potsh does rhaid i chi ond estyn eich llaw a thorri un braf o Roscoff.

Rwy'n cofio Sioni Winwns yn dod cyn belled i'r gorllewin â rhiniog fy nain yn Solfach ar ddechrau'r pumdegau. Dacw fe Sioni Llydaw yn dod yn ei *béret* a'i *sabots* yn smala ar gefn ei hen feic a phrin y gallai rhywun ei weld gan lwyth y winwns – dim ond gwaelodion yr olwynion oedd yn y golwg. Fyddai e'n disgyn oddi ar gefn ei feic, yn ei bwyso fe ar wal yr ale lle'r o'n ni'n byw a'n cyfarch ni yn Gymraeg. Rhaid eu bod nhw wedi rhoi eu beics winwns ar y trên – choelia i fawr eu bod nhw wedi dod ar eu cefnau nhw'r holl ffordd o Gaerdydd, na hyd yn oed Abertawe.

Ar ôl dyfodiad y trên, dyna ben ar yr olygfa yna. Rhaid mod i wedi syrthio i freuddwyd am farchysgall (*artichokes*), caeau am y gwelech chi o farchysgall goruwchnaturiol, niwl porffor yn curo fel trip LSD o orwel i orwel. Ymlusgai pentrefi bach cerrig a ffermydd heibio fel cerddwyr yn eu cwsg, troellai lonydd rhwng y caeau a'r perllannau niferus. Wedyn dacw ddau glochdy uchel yr eglwys gadeiriol yn Saint-Pol-de-Léon yn trywanu'r nefoedd fel dwy roced ofod. Roedd duwiau mawr Armorica yn ein croesawu ni i'w dawns drisgell.

Roedd adeilad Gothig anferth eglwys gadeiriol Saint-Pol-de-Léon fel cawr yng nghanol gwastatir heb gloddiau y caeau winwns a marchysgall. Ro'n i wedi gweld marchysgall o'r blaen – fyddai Jane Hamilton yn tyfu ambell un yng ngardd y Ship yn Solfach – ond do'n i erioed wedi gweld ehangder o lysiau fel hyn, ar y raddfa hon. I mi mae golwg ddieithr ar farchysgall erioed, fel petaen nhw'n dod o ryw blaned arall. Do'n nhw ddim yn eu cynefin ymhlith y moron, y bresych, y cennin a'r tato – doedd marchysgall ddim yn perthyn yn Solfach! A dacw ni ar drên, ar wib trwy gefnforoedd o farchysgall. Ac maen nhw'n boendod i'w bwyta!

Roedd y lonydd a'r heolydd yn wahanol hefyd, yn olau eu lliw, dim byd tebyg i'n heolydd tarmacadam ni ym Mhrydain. Roedd y drysni hwn o lonydd cul yn mynd igam-ogam, yn cysylltu'r clystyrau lawer o ffermydd, a phentrefi oedd yn britho'r dirwedd ym mhelydrau lletraws haul y bore. Cyrhaeddon ni Morlaix, y dref fawr gynta ar y ffordd, lle mae'r orsaf wedi'i chodi ymhell uwchben dyffryn yr afon lle mae'r dref dawel a phrydferth hon o'r bymthegfed ganrif. Mae'r orsaf yn sefyll ar draphont, dros gan troedfedd o uchder, ac iddi bŵer o fwâu. Disgynnon ni oddi ar y trên yma a mynd ymlaen wedyn i Rennes. Trên cyflym o Brest i Baris oedd hwn a ruthrodd trwy dirwedd wahanol, rhyfedd o debyg i orllewin Cymru, Shir Aberteifi neu Shir Gâr.

Rhaid ein bod ni wedi syrthio i gysgu, a dihunon ni deirawr yn ddiweddarach yn tynnu i mewn i gyrion dinas fawr Rennes – dinas tua'r un maint ag Abertawe ond, yn ôl y bensaernïaeth ganoloesol, mae'n lle llawer mwy hanesyddol. Mae Rennes ar ffin ddwyreiniol Llydaw, heb fod ymhell o borthladd enwog St Malo i'r gogledd, tra mae Le Mans i'r dwyrain. Mae yna borthladd fferis arall yn St Malo a chanolfan twristiaeth o westai a meysydd pebyll a charafannau. Caer gadarn ydi l'Île de Saint-Malo o ddyddiau'r Rhyfel Can Mlynedd. Mae'r hen ran o'r dref gaerog yn ddrysni o strydoedd cefn cul, cafés, barrau a gwestai, yn heigio o dwristiaid o bob cenedl dan haul – lle hanesyddol, llawn awyrgylch.

Cwrddais i ag Anaig Gwernig yn Llundain beth amser cyn y daith. Mae ei thad hi'n fardd ac yn ganwr enwog yn Llydaw, a fu'n byw am amser maith yn Efrog Newydd ac yn un o ffrindiau Jack Kerouac, yntau'n Llydawr hefyd. Roedd Anaig wedi sôn wrtha i am yr adfywiad cerddoriaeth Geltaidd yn Llydaw ac wedi ngwahodd i ddod i Lydaw i ganu, chwarae, recordio ac i ymuno yn yr hwyl a'r sbri. Dwedodd hi y câi hi reolwr i mi ac, yn ôl pob tebyg, cytundeb recordio. Roedd Anaig yn gweithio i *entrepreneur* o bendefig o'r enw Hervé de Bélizal, oedd yn berchen ar siopau recordiau, gan arbenigo mewn allforion o Loegr ac America. Roedd llywodraeth Ffrainc yn pennu treth anferth ar recordiau wedi'u mewnforio, felly byddai Anaig yn gyrru i Lundain ac yn llwytho'r car. Fel dwedais i, doedd nemor ddim tollbyrth ym mhorthladdoedd Llydaw!

Beth amser wedi i mi gwrdd gyntaf ag Anaig, a fu hefyd yn byw yn Efrog Newydd am beth amser, ges i lythyr gan de Bélizal. Roedd e wedi clywed fy albwm Cymraeg cyntaf i, *Gwymon*, ac am ryddhau rhai o'r traciau yn Ffrainc ar label Musidisc, cwmni oedd yn eiddo i'r enwog Goldie Barclay a oedd yn ffrind i fy nghyhoeddwr yn Llundain, Bryan Morrisson. Cynigiodd de Bélizal hefyd i fy rheoli i fel canwr yn Ffrainc – yn canu yn Gymraeg!!! Dyma pam ddaethon ni, doedd yna fawr ar droed i mi yng Nghymru. O ran natur fy ngyrfa fel canwr, rydw i wedi gorfod ailddyfeisio fy hun byth a hefyd i gynnal diddordeb trefnwyr gìgs a phobol y teledu a'r radio. Yng Nghymru, dyw canwr ddim ond cystal â'i sioe fawr neu'i record ddiweddaraf, ac mae gofyn cadw llygaid a chlustiau ar agor am wledydd newydd i'w concro. Roedd y daith yma i Lydaw wedi dod ar amser perffaith – roedd popeth ar gerdded yma. Er bod y rhan fwya o bobol yn y sîn cerdd wedi clywed sôn am Alan Stivell, roedd dwsinau o grwpiau a chanwyr na wyddai'r byd mawr y tu allan ddim amdanyn nhw.

Rhesi o farrau, cafés a gwestai bychain darodd ein llygaid wrth i ni ddod mas o'r orsaf Fictoraidd enfawr yn Rennes. Roedd *boulevard* llydan yn ymestyn yn syth i'r pellter. Bistros â byrddau a chadeiriau gwynion a llieiniau bordydd gingham yn pefrio yn yr haul, mopedau a 2CVau yn mynd ling-di-long, ac roedd llond y lle o stondinau a gwerthwyr stryd. Dyma Ffrainc, feddyliais i. Mae hi'r un fath yn gwmws yng nghyffiniau'r orsaf mewn unrhyw dref yn Ffrainc. Aethon ni am far bach oedd i'w weld yn rhad ac yn ffynci, taflu'n geriach ar y pafin a gwneud ein hunain yn gysurus, yn barod am lymaid.

Ar ôl cwrw neu ddau rhoddodd Gwenllian ganiad i Anaig Gwernig yn Disc 2000, siop recordiau de Bélizal. Dwedodd hi wrtha i fod y ferch ar ei ffordd. Chwe bar yn ddiweddarach cafodd hi hyd i ni yn y diwedd, yn feddw gaib ac yn canu nerth esgyrn ein pennau. Arweiniodd hi ni dan brotest oddi wrth ein cinio gwlyb, lan ar hyd strydoedd cul, heibio i eglwysi'n ymgodi uwch ein pennau ni, i ran hynaf Rennes, lle'r oedd y tai canoloesol ffrâm bren yn bargodi dros lonydd cul a sgwariau coblog. Roedd hi'n olygfa o lyfr lluniau neu ffilm ledrithiol.

Aeth hi â ni i lawr hen, hen goridor â llawr fflags a hen barwydydd a nenfwd â thrawstiau derw. Yn y pen pella roedd yna ddrws yn syth mas o *The Three Musketeers*. Dyma ddrws swyddfa Hervé de Bélizal – neu 'D'Artagnan'! Roedd y mysgedwr wedi mynd mas am ginio. Heb yn wybod i mi, a minnau'n feddw racs, yn y Rue Saint-Michel o'n ni'n sefyll – ddisgrifia i hi'n fwy manwl yn nes ymlaen pan fydda i'n sobor! Ro'n i'n gwegian erbyn hyn a Gwenllian yn dechrau preblian, fel y bydd hi dan bwysau. Daeth Anaig â choffi – roedd hi'n pallu rhoi mwy o Cognac i mi – felly taenais i'r garthen Gymreig oedd gen i ar lawr y swyddfa, gorwedd i lawr a mynd i gysgu. Carthen hardd iawn oedd hi, wedi'i gwehyddu yn ffatri wlân Tregwynt ar bwys Tyddewi, yn las a choch a phorffor a du a lliw rhosyn. A dyna'r lliwiau oedd yn fy mreuddwydion i'r pnawn hwnnw.

Yn sydyn, roedd rhywun yn f'ysgwyd i'n effro. Roedd bro breuddwydion yn gyndyn o ngollwng i; do'n i'n cysgu ers fawr o dro ond ro'n i wedi f'angori gerfydd fy nhrwyn a nhin yng ngwlad cwsg. Clywais i lais Gwenllian – hi oedd yn ceisio fy nihuno i mor anfoesgar! Pan agorais i fy llygaid doedd dim llefeleth 'da fi lle'r o'n i. Dyna lle'r oedd Gwenllian ac Anaig yn bustachu i fy halio i oddi ar y llawr. Roedd yna ddyn bach hefyd yn sefyll ar bwys y drws, dyn tenau â gwallt gweddol hir a locsyn bwch gafr (D'Artagnan, tybed?), yn gwisgo crys patrwm *paisley* brown a lliw hufen â ryffl i lawr ei du blaen, trowsus melfarêd gwyrddlwyd a sgidiau croen crocodil sodlau uchel â byclau arian. Wnes i ngorau i godi ar fy nhraed ond doedd dim yn tycio felly orweddais i lawr yn f'ôl. Rhaid taw D'Artagnan oedd e.

"Dyma Meic Stevens o Gymru," meddai Anaig.

"Shwt ti'n disgwyl i fi reoli hwnna?" meddai Hervé de Bélizal.

PENNOD 3

Rue St Michel

RO'N I WEDI DRYSU'N lân pan ddihunais i'r eildro, dim llefeleth lle'r o'n i, ac ar ben hynny roedd y lle'n ddu fel bol buwch. Codais oddi ar y llawr, yn honco ac yn dal i fod braidd yn chwil, wedyn dechrau chwilota am switsh golau gan foelyd ambell i gelficyn a rhywbeth arall a welais i wedyn oedd yn bentwr o recordiau. Cefais hyd i'r drws ond dim switsh golau! Wrth gwrs mae'r switshys golau yn Ffrainc yn siâp gwahanol, dim byd tebyg i'n rhai ni, mwy fel botymau. Wedyn cefais i hyd i handlen y drws, a oedd hefyd yn siâp gwahanol, ac allan â fi i'r coridor, hwnnw fel y fagddu, ond roedd yna olau pŵl o'r stryd yn y pen draw, a chyda lwc mwnci medrais ymbalfalu am y switsh golau.

Mewn swyddfa fach ro'n i wedi bod yn cysgu, swyddfa fach byglyd, shibwchedd ac ynddi ddesg anniben dan ddrysni o bapurau, silffoedd crefftwr yn orlawn o lyfrau a bocsys, dwy gadair â'u traed i fyny, a'n paciau ni ar chwâl ar lawr. Roedd fy ngitâr i'n sefyll mewn cornel. Roedd parwydydd yr hen hen stafell hon yn glytwaith o bosteri roc seicedelig – Cream, Hendrix, Grateful Dead, Jefferson Starship, Janis Joplin ac yn y blaen. Roedd yna bosteri o ryw fand Ffrengig rhyfedd o'r enw Gong hefyd. Roedd gen i ben mawr a ngheg i fel gwaelod caetsh deryn; roedd arna i angen diod. 'Dŵr' aeth drwy fy meddwl i, felly es i lawr y coridor, cau'r drws a mas i olau pŵl y stryd. Sŵn y stryd, sŵn traed, sŵn chwerthin distaw, sŵn traffig o bell. Croesais yr hen hen fflags a'm cael fy hun mewn stryd goblog gul lle'r oedd tai o'r Oesoedd Canol yn bargodi dros ben siopau, cafés a barrau, a phobol yn eistedd y tu allan yn yfed ac yn bwyta wrth fyrddau ar y stryd. Ro'n i tu fas i siop recordiau Disc 2000 a'i goleuadau neon a'i harwydd Americanaidd seicedelig uwchben y drws. Roedd y siop ar gau.

Hanner awr wedi wyth oedd hi ar fy watsh Mickey Mouse i. Croesais y cobls, eistedd wrth fwrdd y tu allan i un o'r bistros a gofyn am botel fawr o ddŵr a dishgled fawr o goffi du cryf a digonedd o siwgir. Dros y ffordd roedd reilins haearn gyr uchel addurniedig, y math sydd fel arfer o gwmpas eglwysi, plastai, neuaddau trefi a beddau, rhan amlaf wedi'u peintio'n ddu â *fleur de lys* euraid yn addurn. Roedd y rhain wedi gweld dyddiau gwell, heb weld côt o baent ers cantoedd a'r lilis euraid wedi hen golli'u lliw. Fuasen nhw'n gain yn eu dydd ond roedd rhwd ac esgeulustod wedi gwneud eu difrod. Roedd yna glwydi Baróc uchel hefyd, a'r tu ôl i'r rhain, plasty pedwar llawr tywyll o'r ail ganrif ar bymtheg yn ymrithio. Roedd hwn wedi gweld y chwyldro. Roedd yr adeilad yn sefyll mewn cwrt coblog llydan.

Roedd rhes uchel o risiau carreg yn arwain at ddrysau derw nadd trymion a thafliad carreg ar draws y cwrt i'r chwith, roedd adeilad arall is, coetsiws a stablau'r oes o'r blaen. Trwy'r drws agored gallwn i weld cameo o risiau pren mewn golau gwan yn troelli lan i'r cysgodion, ac ambell lygedyn o olau mwy llachar, fel breuddwyd, yn ffenestri'r stafelloedd uwchben.

Wedyn clywais sŵn traed ar risiau pren a dacw Gwenllian yn ei throedio hi mas trwy ddrws y stabl ac ar draws y cobls. Llithrodd drwy'r clwydi cilagored, croesi'r ffordd ac eistedd wrth fy mord i.

"Welais i ti drwy'r ffenest. Ti'n iawn? Well i ti ddod draw toc i weld lle byddwn ni'n aros."

"Yn y stable 'na, ife?" meddwn i.

"Ry'n ni'n ôl yn yr ail ganrif ar bymtheg ti'mbod! Nid stable ydyn nhw nawr. Dyna fflat Gwendal Denez. Mae e wedi rhoi'i benthyg hi i ni dros yr haf."

Roedd Gwendal Denez yn ffrind i mi. Ro'n ni wedi cwrdd sawl gwaith tra oedd e'n *assistant* yn dysgu Ffrangeg yn Ysgol Rhydfelen ar bwys Pontypridd. Roedd tad Gwendal, Per Denez, yn academydd ac yn fardd Llydewig enwog oedd yn dysgu yn Adran Efrydiau Celtaidd Prifysgol Rennes. Roedden nhw'n genedlaetholwyr pybyr, Gwendal yn aelod o'r E.L.B. – corff rhyddhau Llydaw, mudiad lledwleidyddol â'r nod o ryddhau Llydaw o' wrth deyrnasiad Ffrainc. Fuon nhw'n gyfrifol am wrthdystiadau treisiol a bomio, a llawer o'u haelodau yng ngharchardai Ffrainc ar yr union adeg honno.

Rhoesom glec i'n diodydd a mynd i swyddfa de Bélizal i nôl ein geriach, croesi'r ffordd wedyn ar draws y cwrt tywyll a lan y grisiau cul troellog. Roedd y canllaw derw wedi'i dreulio'n llyfn fel sidan gan ganrifoedd o ddwylo gweision stabl. O drawstiau derw hynafol a dellt a phlaster y gwnaed yr adeilad ei hun. Ar ben y grisiau yn edrych dros y cwrt roedd towlad ddwy stafell, stordy porthiant gynt lle byddai'r gweision stabl yn cysgu. Bellach, heb wair, na gwellt, na cheirch, roedd yma naws lom, fynachaidd. Digon o le i ddau fyfyriwr, eu llyfrau, ychydig o ddillad a fawr ddim arall at hynny – dim ond dwy gadair, dau wely bach, hen ford dderw, silffoedd llyfrau a chegin fach, ffwrn calor gas a sinc. Roedd yna giwbicl cawod hefyd a lle chwech drewllyd nodweddiadol

Ffrengig – pam maen nhw i gyd yn gwynto'r un peth? Y styllod derw noeth gwreiddiol oedd ar lawr, fel bwrdd hen long sych grimp, yn nychu ar y traeth ers ache, yn drist ac wedi mynd yn angof. Roedd dwy ffenest lydan yn edrych dros y cwrt – ro'n i'n teithio mewn amser eto, yn gallu clywed gwynt llofft stabl slawer dydd. "Cartref yw cartref, ta faint mor dlawd yw e," meddwn i. Ac yn wir, hon fyddai ein towlad haf ni nes i'r gair fynd ar led ein bod ni wedi cyrraedd – clerwr o Gymro a chanddo dwr o ganeuon roedd y Llydawyr erioed wedi eu clywed a merch hardd wrth f'ochr. Ro'n i'n barod i'w rocio hi eto, roedd yr amser wedi dod, allwn i'i deimlo ym mêr fy esgyrn. Roedd popeth yn taro deuddeg a gwyddwn y byddwn i'n sobor fel sant yn y bore yn y lle swynol ysbrydoledig yma.

"In the morning I awoke, flat and stony broke,
No jacket, pants or waistcoat could I find.
And when I asked her where, she said, "My very good sir,
They're down in Kelly's pawnshop number nine."*

Sŵn y stryd, pobol wrth eu gwaith, yn chwerthin, yn tynnu coes, yn prynu ac yn gwerthu, gwynt coffi cryf, bara newydd ei grasu a Duw a ŵyr beth arall, stŵr hwyliog oddi tanom yn y stryd, dihuno'n araf, yr haul yn gwenu trwy wydr llychlyd y ffenestri. Dyma lusgo mas o'r gwely, edrych drwy'r ffenest – mae hi'n dwym braf. Mae Rue St Michel dan ei sang, mae yna stondinau caws, ffrwythau, pysgod, llysiau, nwyddau haearn, dillad ac yn y blaen. Marchnad bore Sadwrn sy'n ein dihuno ni mewn ffordd wahanol, mewn lle gwahanol, lle mae bloeddiadau'r gwerthwyr a su'r sgwrsio mewn iaith wahanol.

"Wy moyn peth o'r coffi 'na," meddwn i, gan roi fy jîns

a nghrys isa amdanaf.

Nawr ry'n ni yn Café du Rallye ar draws y ffordd i'r dowlad. Mae'r café'n swnllyd, yn llawn gweithwyr, yn ddynion a merched. Erbyn hyn mae hi tua deg o'r gloch ac maen nhw'n cael eu whê fach ganol bore. Yn pencawna, pawb yn siarad fel pwll y môr, yn pwffian eu sigârs main a'u Gitanes yn hamddenol rhwng llymeidiau o Cognac a Pastis a choffi du cryf.

Ar ochr dde'r plasty mae wal fawr sydd prin i'w gweld y tu ôl i wisteria anferth, gymaint â choeden a'r blodau piws yn hongian yn arlantau ac yn ganghennau deiliog fel rhywbeth o'r Mato Grosso. Fflyd hanner can troedfedd o flodau piws digon o ryfeddod fel na welais i o'r blaen yn fy myw, yn tyner symud, siglo a siffrwd yn awel fwyn yr haf. Do'n i ddim yn breuddwydio, a minnau'n cael blas ar y *café au lait* – y cyntaf i mi'i flasu erioed o bosib – y gorau, sdim dwywaith!

Roedd Disc 2000 dros y ffordd, ar agor erbyn hyn ac i'w gweld yn brysur iawn, a llif o bobol ifainc trendi iawn yr olwg yn mynd a dod.

"Dere i ni fynd draw i weld yw de Bélizal 'na." Welen ni bobol yn y bythau gwrando a chlustffonau am eu pennau ac arnyn nhw i gyd yr olwg ddifrifol honno sydd ar bobol yn morio yn eu hoff gerddoriaeth pop. Y tu ôl i'r cownter roedd Anaig Gwernig a merch hardd arall yn gwerthu recordiau fel tân gwyllt, y drâr arian yn mynd am y gwelech chi. Allwn i weld ei bod hi'n brysur.

"Cwrddwch â ni yn Crêperie St Anne ar gornel Rue St Malo ganol dydd," bloeddiodd hi. Efallai nad o'n i wedi gwneud cawl o bethau wedi'r cyfan!

Anaig Gwernig. Cloben o ferch tua thair ar hugain oed, un yn hoff iawn o'i bwyd, yn solet iawn a 'da hi gluniau a bronnau anferth, dillad llaes hipi â rhidens, mwclis, medaliynau a swynoglau rif y gwlith. Gwallt cyrliog coch Celtaidd fel llechwedd o redyn yn yr hydref. Roedd 'da hi lais fel corn siarad ac acen Efrog Newydd bur, Brooklyn neu Bronx, ddwedwn i. Beth ddiawl mae hi'n ei wneud yma? Ond siort orau – roedd pawb ym mhob man yn y chwedegau, y trip a sgubodd y byd! Doedd gan y sefydliad ddim llefeleth beth oedd ar droed, yn meddwl mai ar gyffuriau a chariad rhydd oedd y bai. Erbyn iddyn nhw ei deall hi, roedd hi'n drannoeth y ffair! Popeth wedi digwydd, chwyldro heddychlon, roc a rôl, cerddoriaeth a chariad, tra oedd y gweddill – bendith Duw arnyn nhw – yn cael gwefr o fomio a saethu unrhyw le y gallen nhw gael hyd iddo i'w dargedu!

Yn ôl yn y llofft stabl roedd Gwenllian yn mynd i'r afael â'r gawod gyntefig. "Helô-ô, fydda i mas mhen munud." Bwriais iddi i ddadbacio ein tipyn pethau, wedyn eistedd i lawr i ganu'r gitâr. Fyddwn i'n canu llawer bryd hynny, rhywbeth i'w wneud â nwylo – mae ymarfer yn beth da, yn hanfodol!

"Ni'n cwrdd ag Anaig a de Bélizal, Crêperie St Anne, ganol dydd," gwaeddais i. Llamodd Gwenlli allan o'r gawod a dau dowel amdani. "Falle bod gobaith 'da ni o hyd."

Triongl ydi Rue St Michael, a hen adeiladau ffrâm o goed mewn dull Oes y Tuduriaid yn ei gau i mewn, a'u lloriau ucha'n bargodi'n simsan i'r gwagle uwchben blaenau siopau, cafés a barrau. Mae rhai o'r siopau'n fodern, eraill yn hŷn. Roedd yn lle llawn awyrgylch, heb ei gyffwrdd, yn mynd â'i ben iddo'n hardd. Mae pig y triongl tua'r gogledd, lle mae lonydd cefn cul yn troelli rhwng adeiladau adfeiliog eraill. Un o'r lonydd hyn ydi'r Rue St Malo, ac mae Crêperie St Anne mewn clos yn y gornel ar y chwith. Tŷ ffrâm pren yw hwn hefyd, a'i dalcen anferth yn wynebu i'r de i lawr y Rue St Michel.

I mewn â ni, trwy ddrws ochr, i stafell eang â nenfwd uchel lle'r oedd ugain neu ddeg ar hugain o fordydd, lle mawr am *crêperie*, a digonedd o olau trwy ffenestri tal, a gardd yn y cefn. Roedd tua dwsin o weinyddesau gwalltddu wrthi'n gweini ar y ciniawyr ac wrth ford hir o'r naill ochr roedd pedair menyw hŷn yn gwneud *crêpes* ar ridyllau trydan dur llydan crwn. Roedd yna glystyrau o bowlenni crochan lliwgar yn dal caws, cig moch, tomatos, winwns, môr-frwyniaid, wyau, perlysiau a sbeisys; potiau o gyffeithiau a mêl; a photeli o Cognac a Calvados. O dan ein trwynau ni roedd dull o goginio heb newid ers cyn dyddiau'r Rhufeiniaid. Profiad llonyddol swynol yn yr hen dŷ hyfryd hwnnw. Allwn i'u gwylio nhw fel gwylio ffilm ond ro'n ni ar ein cythlwng a byddai digonedd o amser i sawru dirgelion Crêperie St Anne.

Roedd 'D'Artagnan' a 'Buddug' yn eistedd wrth ford fawr yn ymyl ffenest â golwg dros yr ardd flodau, yn aros amdanon ni. Roedd dyn mewn oed yn eistedd gyda nhw, yn gwisgo'r pilyn crandiaf welais i erioed. Ro'n i'n gwisgo siwtiau o waith llaw ers fy mhymtheg oed, ac roedd Bryan Morrisson, fy nghyhoeddwr yn Llundain, yn cadw Savile Row i fynd bron â bod, ond siwt y dyn penwyn yma oedd yr orau ro'n i wedi'i gweld yn fy myw. Wrth iddyn nhw godi i'n cyfarch ni, gallwn i weld mor berffaith oedd toriad siwt y gŵr bonheddig, o wlanen Cashmir llwyd golau, yn ddeuddarn â llabedi sengl; pwlofer lliw hufen o wead main odani a chrys glas golau a dici-bô melyn brith. Topyn rhosyn coch yn ei labed a macyn poced sidan o'r un lliw yn cewcan o boced ei frest.

Fe'n cyflwynodd Anaig ni i Hervé de Bélizal oedd fel petai'n pwyso a mesur fy hyd a lled i, a chyflwynodd de Bélizal ni i'w ewythr, yr Iarll rhywbeth neu'i gilydd, rhyw gwlwm tafod o deitl hirwyntog! A dyma ni'n ciniawa ar amryw fathau o *crêpes*, cyflenwad diddiwedd trwy ddwylo chwim y merched gwalltddu oedd hefyd yn ddu eu sgerti a'u ffedogau lês hardd, o gynllun traddodiadol. Yfon ni *cidre bouché* a Muscadet Sur Lie o Ddyffryn y Loire yn ne Llydaw. Mae Gwenllian a fi'n dwlu ar fwyd da, ond roedd hyn yn amheuthun!

Ynghyd â'r bwyd, roedd y sgwrs yn ddiddorol ac yn ysbrydoledig; pensaernïaeth Ffrainc yr Oesoedd Canol a'r unfed ganrif ar bymtheg, celfyddyd argraffiadol a'r Chwyldro Ffrengig. Roedd yr Iarll a de Bélizal ill dau yn gartrefol yn siarad Saesneg. Llofruddiwyd hynafiaid de Bélizal dan y *guillotine* ond roedd ambell un wedi dianc i Ynysoedd y Caribî; eu disgynyddion nhw oedd de Bélizal a'r Iarll. Adroddodd yr Iarll hanes gwaetgar y chwyldroadwyr yn crogi'r holl bendefigion a'u gosgordd roedden nhw wedi'u dal, o bob coeden ar fin y ffordd rhwng Rennes a Brest, can milltir a hanner dda. Ond roedd yr Iarll yn ddigon hwyliog, yn chwerthin wrth adrodd y stori ffiaidd!

Chwap sylweddolais i lle'r o'n i wedi'i weld o'r blaen: roedd yr un ffunud â phortread o'r Cardinal Richelieu welais i yn amgueddfa'r Louvre rai blynyddoedd ynghynt.

Roedd Anaig Gwernig yn un am ei bol – claddodd bum *crêpe* wedyn gorffen â *crêpe au chocolat* gyda menyn, hufen a llond gwlad o siocled du wedi'i gratio drosto. Er mawr syndod i mi, yr Iarll dalodd y bil. Ro'n ni'n ciniawa ers dwy awr, wedyn mas â ni ac eistedd o dan barasôl yn yr haul ac yfed mwy o win a choffi a Calvados.

Wedi hynny, fe fydden ni'n mynd i Crêperie St Anne bron bob amser cinio ac, er mawr syndod, felly hefyd yr Iarll.

"Mae'n hoffi pobol ifainc," meddai de Bélizal. "Mae e hefyd yn hoffi gloywi'i Saesneg." Welwn i ddim byd o'i le ar Saesneg yr Iarll. Hyfryd o beth oedd ciniawa yng nghwmni gŵr bonheddig mor fydol-ddoeth a boneddigaidd.

Roedd gan de Bélizal ddolen gyswllt dda yn niwydiant recordio Paris, bachan ro'n i wedi clywed sôn amdano yn swyddfa Bryan Morrisson yn Llundain. Impresario o Ffrancwr, Eddie Barclay. Un o'i labeli oedd Musidisc a byddai modd rhyddhau un o fy recordiau i ar y label hwnnw, meddai de Bélizal. Roedd cerddoriaeth Geltaidd yn dechrau mynd â hi yn Ffrainc ar y pryd. Y gân roedd arnyn nhw'i heisiau oedd 'Brenin y Nos' oddi ar fy record hir gyntaf, *Gwymon*. Yng Nghymru roedd y prif dapiau, gan Dennis Rees yn Recordiau'r Dryw yn Abertawe. Dyma wneud galwadau ffôn a tharo bargen, ac anfonwyd Gwenllian i Gymru i nôl y tâp.

Roedd ein harian ni'n dod i ben, ond sicrhaodd Anaig fi fod yna gìgs ar y gorwel a'i bod wedi trefnu i mi chwarae mewn gwyliau o gwmpas Llydaw. Dridiau'n ddiweddarach dyma Gwenllian yn ei hôl. Ond roedd Dennis Rees wedi rhoi'r tâp anghywir iddi. I ddechrau, roedd yr albwm ar ddau sbŵl tâp 15 I.P.S. ac yntau wedi rhoi'r un anghywir iddi! Roedd hi'n banics braidd ond dywedodd technegydd sain Japaneaidd oedd yn gweithio i Musidisc ym Mharis y gallai godi'r traciau oddi ar gopi glân o'r albwm. Gydag offer lleihau sŵn, fe gynhyrchodd record sengl oedd yn swnio'n well na'r gwreiddiol. Buan y rhyddhawyd hwn a'i roi ar jiwcbocsys ar hyd a lled

Ffrainc a Llydaw. Ro'n i ar fin bod yn enwog eto!!!

Un bore, tarodd Per Denez heibio i'r dowlad, â bocs mawr o bethau da i'w ganlyn – caws, sosej, tuniau o ddanteithion. Roedd wedi clywed sôn ei bod hi'n fain arnon ni ac wedi dod i fynd â ni mas am ginio. Aeth â ni i *crêperie* hen fel pechod yn Rennes – fel cegin rhywun. Roedd yn arfer mynd yno gyda'i rieni pan oedd yn grwtyn bach, a'r un hen wraig wnaeth *crêpes* i ni, ar dân agored, a ninnau'n eu bwyta gyda llond powlenni o laeth enwyn, ac yn yfed y *cidre bouché* wrth gwrs. Roedd hwn hefyd yn brofiad hudolus heb ei ail, yn ffenest ar fyd hŷn, yn cyflym ddiflannu bryd hynny, (bellach wedi hen fynd), ffordd o fyw mwy diniwed, symlach ac iachach.

Meddyliais i am Blodwen, fy nain o Solfach. Dyna'i ffordd hithau. Dyddiau dedwydd.

PENNOD 4

Y Ffordd i'r Gorllewin Gwyllt

GALWODD ANAIG GWERNIG HEIBIO drannoeth, yn gyffro i gyd, i ddweud mod i wedi fy hurio i chwarae mewn gŵyl fawr ddim ymhell o Rennes. Digwyddiad dros y Sul oedd yr ŵyl, yng nghefn gwlad, L'Île de L'Upie, Ynys y Pïod. Wn i ddim sut llwyddodd hi i'm cael i ar y rhaglen ar fyr rybudd – y penwythnos wedyn oedd y gìg.

Aeth yr wythnos heibio mewn chwinciad, a'r rhan fwyaf o'r nosweithiau byddem yn mynd i far Arabaidd, Chez Minouche. Strapar o Ffrances glasurol oedd Minouche. Blows yn agored hyd at ei bogail ac odani hawdd oedd gweld bra sidan du'n gwthio'i bronnau lan yn uchel, gan wneud yn fawr o'r rhigol. Gwallt hir du yn cyrlio dros ei sgwyddau noeth, ei hwyneb yn fwgwd o bowdwr a phaent, gwefusau coch llachar, fel arfer yn wên gocwyllt barhaus o glust i glust – roedd y cysgodion llychlyd yn gwingo o glywed ei llais aflafar croch. Twll o le pŵl oedd Chez Minouche, ffau fach hynafol â thrawstiau isel lle byddai Arabiaid amheus yr olwg yn yfed gwin rhad.

Gyrwyr lorris oedd y rhan fwyaf o'r Arabiaid, gan amlaf yn gyrru lorris ffrwythau i Marseilles ac yn ôl. Hen gorgwn yn cario dagerau milain pob copa walltog ohonyn nhw, ond am ryw reswm rhyfedd ro'n nhw wedi cymryd at Gwenlli a fi. Y gerddoriaeth efallai – cyn gynted ag y deuem ni drwy'r drws byddai'n rhaid i mi chwarae iddyn nhw, a hwythau'n prynu diodydd i ni drwy'r nos ac yn dawnsio. Dwi'n siŵr nad oedd dim llefeleth 'da nhw am beth ro'n i'n canu. 'Maggie May' oedd un o'u hoff ganeuon – yn taro'r olygfa i'r dim.

Byddai Minouche yn eistedd ar stôl uchel wrth gornel y bar bychan bach, sigarét yn hongian yn llac o'i cheg loywgoch, un strap bra yn hongian yn ddi-hid i lawr ei braich, ei sgert sidan goch yn uchel ar ei chluniau yn dangos peth yffach o hosan neilon ddu. Roedd hi'n glasur. Rhaid ei bod hi'n butain ym Mharis gynt, roedd hi'n rhy dda i fod yn wir, ac nid actores moni, bid siŵr.

Yno ro'n i un noson yn canu'r gitâr pan wthiodd pedwar Ffrancwr meddw i mewn i'r lle, yn chwilio am ffeit. Cyn hir roedden nhw am y gorau yn codi ffrae â mi, wedyn roedd hi fel petaen nhw wedi cymryd yn eu pennau mai Sais o'n i a dyma hi'n dechrau mynd yn flêr. Chwap, bron yn rhy gloi i fi sylweddoli beth oedd yn digwydd, cydiodd yr Arabiaid ynddyn nhw, eu taflu i'r stryd a rhoi crasfa dda iddyn nhw. Roedd y cyfan ar ben o fewn dwy funud! Yn ddiweddarach daeth yr heddlu, ond roedd yr Arabiaid wedi diflannu. Bu'n rhaid i mi fynd yn ôl i'r dowlad i nôl ein pasbortiau i'w dangos, ond dyna ddiwedd y stori!

Ddydd Sadwrn dyma'i chychwyn hi am Ynys y Pïod gydag Anaig, mewn car roedd hi wedi cael ei fenthyg gan de Bélizal a oedd yn rhedeg stondin recordiau yn yr ŵyl. Gyrru tua deng milltir ar hugain am y gorllewin nes dod ar draws arwyddbyst i'r ŵyl. Band hipi o Baris oedd ar dop y rhaglen, ddim yn annhebyg i The Incredible String Band ond bod yna fwy ohonyn nhw, ac roedd 'da nhw gytundeb â CBS yn ôl pob sôn. Ro'n nhw'n eitha enwog yn Ffrainc ar y pryd. Ar gae cul trionglog oedd yr ŵyl, a choed tal o'i gwmpas ac afon gul bob ochr, llwyfan awyr agored â chysgodlen gynfas streipiog a system sain broffesiynol.

Dyma fynd â ni i adeilad mawr wedi'i gynllunio yn null neuadd Lydewig o'r Oesoedd Canol. Roedd to llechi anferth â thalcenni siâp V, ond dim waliau, a'r to yn codi o'r ddaear. Un stafell anferth oedd y tu mewn, a distiau a phileri crand enfawr yn dal y to yn ei le. Roedd yna fordydd pren trymion hir fel neuadd yfed y Llychlynwyr lle'r oedd y bandiau a'u cefnogwyr yn yfed gwin a seidir. Roedd hyn yn dal i fynd drwy'r prynhawn a gyda'r nos, a stiwardiaid yn dod â llwythi o fwyd a diod at y ford yn ddi-baid – enghraifft arall o haelioni'r Llydawyr.

Felly, ymunon ni, a dwedodd Anaig wrthon ni am beidio â phoeni ac estyn at unrhyw beth roedd yn mynd â'n bryd! Erbyn fy nhro i i fynd ar y llwyfan roedd hi siŵr o fod yn ddeg o'r gloch y nos. Ac fe wnes i set sgubol o ganeuon ar fy mhen fy hun â'r gitâr, a'r organau ceg ar resel am fy ngwddw. Er mawr syndod i mi roedd y gynulleidfa weddol fach, o tua mil o hipis, wrth eu bodd. Wedyn yn ôl i neuadd fedd y Llychlynwyr am fwy o fwyd a gwin. Aethon ni yn ein holau i Rennes wedi cael llond ein boliau, a chael ein talu ar ben hynny.

Yr wythnos wedyn ro'n i wedi'n hurio i chwarae saith noson mewn tafarn yn Kemper (Quimper) ymhellach o lawer i'r gorllewin. Mae'r dre wedi cael yr enw Paris gorllewin Ffrainc – hen hen ddinas Lydewig hanesyddol. Drefnon ni i deithio ar y trên, a fyddai'n waith diwrnod oherwydd natur y rhwydwaith rheilffyrdd. Yn gyntaf roedd gofyn i ni fynd i Châteaulin, sy'n gyffordd fawr, wedyn aeth trên llai â ni i Kemper.

Daeth Gweltaz ar Fur i gwrdd â ni yn yr orsaf. Roedd dag e wallt cwta, yn wahanol i'r rhan fwyaf o'r Llydawyr, a oedd yn gwisgo'u gwallt yn hir. Roedd gorfodaeth filwrol bryd hynny, a Gweltaz yn bwrw'i dymor ym myddin Ffrainc mewn catrawd awyrennol comandos dan hyfforddiant.

Roedd Gweltaz wedi clywed rhai o fy recordiau, yn arbennig *Outlander*, a'r gerddoriaeth wedi gwneud tipyn o argraff arno. Sonion ni am yr albwm a'i yrfa ei hun yn ganwr gwerin o Lydawr – a'r fyddin wedi torri ar ei thraws hi mor gas (fel Elvis, meddwn i yn fy mhen!) – fel roedd yn ein gyrru i Ty Michou, tafarn hanesyddol ac enwog gerllaw afon Odet sy'n llifo drwy ganol y dref. Ty Michou – tŷ Michou wrth gwrs – mae llawer o bistros a barrau yn Llydaw wedi'u henwi ar ôl gwraig y perchennog. Wedi i ni gael ein hebrwng lan dwy res o risiau troellog tywyll i'n stafell cawson ni Michou, oedd yn debyg iawn i Minouche yn Rennes, yn y gwely gydag artist hirwallt o Baris. Gŵr Michou oedd y dyn a ddangosodd y stafell i ni, ond doedd e ddim fel petai'n becso'r dam. Roedd 'da fe gi bocser ffein oedd yn ei ddilyn i bob man.

"Dwi'n becso dim," meddai. "Mae nghi i'n bertach o lawer na ngwraig i!" Thunder oedd enw'r ci.

Daethom ar draws llawer o sefyllfaoedd fel hyn yn Llydaw. Ambell waith byddai o leiaf chwech, neu fwy hyd yn oed, yn rhannu rhyw yn gwbl agored, doedd hi ddim yma nac acw! Yn wir, roedd trefniadau fel hyn yn llawer mwy cyffredin yn yr oes o'r blaen nag yn yr oes ddinesig fydol-ddoeth sydd ohoni. Bryd hynny, yng nghefn gwlad ymhlith meibion y tir, roedd y gwragedd yn ôl pob golwg yn sielffo pwy bynnag ro'n nhw'n eu ffansïo, a'r dynion hefyd – pwy bynnag a lle bynnag!

Gyferbyn â Ty Michou ar lan arall yr afon mae dau dŵr eglwys gadeiriol anferth 'Le Roi Gradlon', un o frenhinoedd Llydaw fore. Mae glannau'r Odet ar y llaw dde yn dwristaidd iawn, ddim yn annhebyg i Dyddewi yn Sir Benfro, heblaw bod yr eglwys a chlos y gadeirlan deirgwaith yn fwy. Mae miloedd o dwristiaid yn dod mewn coetshis, dim ond i roi tro am y lle, ac wrth gwrs mae diwydiant wedi tyfu ynghlwm â nhw. Dinas bert hanesyddol ydi Quimper, yn cael ei chynnal a'i chadw a'i threfnu'n dda ac iddi holl nodweddion tre dwristaidd. Mae yna ŵyl anferth o ganu pibau, canu a dawnsio mewn arena awyr agored bob haf. Ddim ymhell ar hyd y môr mae porthladd pysgota prysur Gulvinec, lle mae fflyd enfawr o gychod wrth angor ac un o'r marchnadoedd pysgod prysuraf a mwyaf swnllyd welais i erioed.

Tu blaen, ffrâm pren cul iawn sydd i Ty Michou a bwa i'r chwith yn arwain at libart llawn chwyn, pentyrrau o gratiau cwrw a chasgenni metal ar hyd y lle ym mhobman ymhlith y chwyn a'r sbwriel. Mae'r bar hir, cul, â nenfwd isel yn mynd ymhell i'r cefn lle mae Monsieur Michou, cogydd ardderchog, yn gwylio crochan anferth o rywbeth neu'i gilydd yn stiwio. Mae'r ci yn aros yn amyneddgar, gan ollwng glafoerion. Yn y llofft mae yna bedwar llawr, a grisiau tro pren yn eu cysylltu nhw. Ar y llawr uchaf mae'n stafell ni.

Roedd hi'n ddydd Sul, a byddwn yn chwarae bob nos tan y Sadwrn canlynol. Wedyn yn ein blaenau. Wythnos gyntaf Awst oedd hi – gartref byddai'r Steddfod yn ei hanterth. Ro'n i wrth fy modd ac yn falch ein bod ni yma. Yma, ymhell o ffug-wleidyddiaeth y sîn cerdd yng Nghymru! Can milltir neu ddwy i'r de, ar yr un adeg yn union, roedd gŵyl gerddoriaeth Geltaidd fwya'r byd, yn Lorient – porthladd mawr, tua'r un faint â Chaerdydd. Gofynnwyd i mi chwarae yno flynyddoedd ynghynt ond ro'n i bob amser yn y Steddfod. Felly, dydw i erioed wedi chwarae Lorient.

Bob nos, byddwn yn eistedd ym mhen draw'r bar, fy ngitâr acwstig i nghanlyn, ac yn rhaffu caneuon

Cymraeg, y rhan fwyaf ohonyn nhw o'm gwaith fy hun. Chwaraeais i rywfaint o ganu'r felan cefn gwlad a chowboi Americanaidd oedd yn cael croeso mawr. Roedd y bar bob amser dan ei sang. Ro'n nhw'n gynulleidfa astud, gampus. Roedd gen i harnais harmonica a dwy delyn yr arferwn ni'u canu. Doedd yna ddim meicroffon!

Doedd dim tâl wrth y drws felly rhaid eu bod nhw'n codi mwy am y diodydd. Roedd ein bwyd a'n diod ni ar draul y tŷ. Byddwn i'n chwarae tair set tan hanner nos. Dwy Lydawes y tu ôl i'r bar yn gwerthu llwyth o ddiod, seidir gan mwyaf, gwin a gwahanol fathau o gwrw'r Cyfandir. Roedd y silffoedd uwchben y bar yn llawn dop o wirodydd o bob lliw a llun. Roedd Ty Michou yn enwog ar hyd a lled Llydaw, yn un o gadwyn o farrau cerdd y byddwn i'n chwarae'r rhan fwyaf ohonyn nhw maes o law. Doedd dim byd tebyg i hyn yn ôl yng Nghymru.

Byddai Gweltaz yn dod bron bob nos, rhaid ei fod e ar ei seibiant o'r fyddin. Dwi'n amau dim nad oedd yn rhoi help llaw i Anaig, yn fy nghyflwyno i bobol oedd yn y byd cerddoriaeth yn Llydaw. Roedd fy ngitâr Fender yn was da a ffyddlon, felly hefyd y mandolin ro'n i'n dysgu'i ganu.

Byddem yn rhoi tro am Kemper yn ystod y dydd ac yn aml yn mynd gyda Gweltaz i farrau a *crêperies* egsotig oedd heb newid fawr ers cyn y Rhyfel Byd Cyntaf. "Nid hardd pob newydd" oedd piau hi yn Llydaw, yn ôl pob golwg. Ond roedd rhai o'r llefydd aethon ni iddyn nhw yn furddun, wedi mynd â'u pen iddyn, ac fel tŷ Jeroboam. Yn yr hen dyllau llychyd yma byddai hen ac ifanc o'r ddau ryw yn cymysgu'n ffri, yn yfed, yn mynd i hwyl ac yn cael blas ar gwmni'i gilydd, yn fawr eu sbort. Maen nhw'n bobol ddidwyll iawn, yn gyfeillgar, yn estyn croeso i bawb a phob un, yn enwedig dieithriaid, cyn belled nad Ffrancwyr ydyn nhw!!!

Ar y dydd Gwener, pan aethom i'r bar tua chanol dydd, roedd twr bach o bobol yn yfed wrth y bar mewn hwyliau da iawn. Roedd offerynnau cerdd mewn casys ar hyd y lle ym mhobman. Cawsom ein cyflwyno'n syth i fand Cajun Llydewig a oedd wedi chwarae Lorient y noson flaenorol, ond heb gael digon, a rhywun wedi'u cyfeirio nhw i Ty Michou. Nhw fyddai band y tŷ yr wythnos wedyn. Cyn hir, allan ddaeth yr acordion a'r bocsys eraill, ac roedd y lle'n ferw gwyllt eto. Am weddill y diwrnod daeth mwy fyth o gerddorion o Lorient i mewn ling-di-long, rhai mewn hwyliau da, rhai yn y felan, rhai'n chwil, rhai'n morio. "Tybed lle mae e'n meddwl rhoi'r cwsmeriaid?" Roedd hyn yn ddechrau penwythnos anhygoel; fuais i erioed yn Lorient ond roedd Lorient wedi dod ata i!!!

Dwi ddim yn credu i'r bar fod ar gau fawr ddim y penwythnos hwnnw, a minnau ar y clwt – hen ddigon o gerddorion yn aros yno, o leiaf ugain neu ddeg ar hugain. Duw a ŵyr lle'r o'n nhw i gyd yn cysgu, debyg gen i nad oedden nhw, roedd y gerddoriaeth yn dal i fynd yn ddi-dor. Yffach o barti. Daeth rhywun i'n codi ni fore Llun; doedd gennym ddim syniad i lle'r o'n ni'n mynd, dim ond enw pentre – Plouyé, yng ngodre'r Menez Du (y mynyddoedd du). Yno, roeddem i gyfarfod henwr hybarch canu gwerin Llydaw. Tad Anaig, Youenn Gwernig.

PENNOD 5

Plouyé

CHAWSON NI FAWR O gwsg y noson honno, hwntian lan y stâr i'r nef tua thri, bedwar o'r gloch y bore, gan adael yr hen far myglyd llychlyd tywyll yn dal i rafio gyda'r band Cajun Llydewig.

Yn ddiweddarach y bore wedyn aethom yn ein holau i lawr y stâr lle'r oedd brecwast ar fynd. Roedd criw yn y gegin yn coginio llond gwlad o gig moch ac wyau a'r haid llwglyd yn gwneud yn fawr ohonyn nhw. Roedd y gerddoriaeth wedi peidio i bob diben, ar wahân i un Llydawes yn strymio gitâr ac yn canu cân hiraethus yn y gornel bellaf yn ymyl y drws ffrynt agored, lle gwelwn bobol yn cerdded yn y stryd gefn y tu allan. Roedd hi'n bwrw hen wragedd a ffyn, tua'r hanner awr wedi un ar ddeg.

Cawsom lond ein boliau o frecwast i gyfeiliant ambell i rochiad o gyfeiriad y cyrff yng ngwlad cwsg dan y byrddau. "Grêt," meddwn i, yn teimlo fel y boi. "Beth nesa?" Ymhen tipyn daeth Michou i lawr, heb ei chariad o Baris oedd yn gyndyn i adael ei ga' sgwâr – chawson ni brin gip arno drwy gydol yr wythnos. Chododd e na brws na phad brasluniau. Petai'r amser a'r awydd gen i, buaswn i wedi braslunio fel y diawl – roedd cymaint o wynebau a phethe diddorol.

Dywedodd Michou wrthym y byddai'n ein gyrru i

Plouyé. "Ble?" Roeddem i fod yn westeion yn nhŷ'r bardd, y canwr gwerin a'r arwr Llydewig, Youenn Gwernig, oedd yn byw ar bwys, yn Locmaria-Berrien. Roedd ein bagiau wedi'u pacio ac yn ddistaw bach fe lithron ni allan o Ty Michou i'r glaw. "I'r mynyddoedd â ni!" Roedd golwg y fall ar Michou, dim colur, ei gwallt fel nyth brain ac yn drewi. Roedd hithau wedi cael noson dda hefyd.

Allan o'r dref â ni gan bwyll, yn y Citroën 2CV to clwt nodweddiadol, i lawr y ffordd hir gul heibio'r orsaf reilffordd, wedyn ar y ffordd ddeuol. Roedd hi'n ffordd brysur, lorïau, cerbydau masnachwyr, fel diwrnod lladd mochyn. Mae'r Llydawyr yn bobol ddiwyd iawn. Mae ganddyn nhw ddawn i beidio byth bod â'r argraff eu bod yn gwneud llawer o waith, ond maen nhw'n dwyn y maen i'r wal.

Ar ôl tua deng milltir ar hugain adawon ni'r ffordd dyrpeg a mynd i fyd arall. Unwaith eto, roedd yn rhyfeddol o debyg i Shir Aberteifi neu ogledd Shir Gâr, yn gloddiau uchel a llawer o dir âr, dolydd, a da'n pori. Roedd yna ddigonedd i'w weld a ninnau'n mynd ar wib, Michou yn preblan yn Ffrangeg, Saesneg, Llydaweg cerrig calch ac ambell i air Cymraeg at hynny. Aethom trwy lawer o bentrefi bychain ar hyd y ffordd honno, ond dim trefi o gwbl – perfeddion y wlad oedd hyn – nes dod i Huelgoat, tref fach tua'r un faint â Llandysul, wedi'i chodi ar lannau llyn mawr hardd iawn â llawer o hen goed collddail. "Ddim yn bell nawr," meddai'r gyrrwr.

Lle twristiaid ydi Huelgoat, y llyn yn un naturiol wedi'i adael gan rewlif enfawr a'r abwyd i'r twristiaid ydi dyffryn yn dew dan goed lle mae La Grotte du Diable – groto'r diafol – yn llanast o gannoedd o glogfeini anferthol blithdraphlith, rhai cymaint â thai, i gyd yn enfawr ac mae wedi'i droi yn rhodfa ledrithiol, yn ddrysni o lwybrau cul a nentydd bach yn pistyllio, yn arwain at gaer Felgig aruthrol – Camelot y Llydawyr, yn ôl y sôn. Mwy am hyn maes o law.

Wedyn, gyrru trwy'r dref a mas yr ochr bellaf i dir garwach. Ro'n i'n teithio drwy amser unwaith eto; roedd y lle yma'r un ffunud â gogledd Shir Benfro bore f'oes, wedi tyfu'n wyllt ac wedi mynd rhwng y cŵn a'r brain, yn anial, ac ar drugaredd y tywydd. Yn Llydaw mae modd teithio yn ôl clochdy neu dŵr. Mae gan yr holl drefi pwysig eglwys weddol fawr ac mae clochdai'r rhain yn codi'u pennau uwchben y tir i roi teithwyr ar ben ffordd. Mae rhai o'r rhain i'w gweld o bell ac ro'n ni'n ei gwneud hi am un ohonyn nhw, ar fryn heb fod yn bell. I fyny ac i lawr â ni ar y ffordd gul serth igam-ogam – ffordd oedd erbyn hyn yn llaca i gyd gan dystiolaeth drewllyd baw gwartheg ac yn gul gan gloddiau uchel heb eu tocio, coed crebachlyd, drain ac eithin, yn union fel bod adre yn fy nghynefin!

Dyma yrru i le ac arno olwg fferm anghyfannedd – welwn i mo dŵr yr eglwys erbyn hyn – wedyn troi cornel tŷ wedi lled fynd yn sarn ac i sgwâr bach o glai melynllyd a gro yng nghanol rhagor o dai cerrig adfail, ac yma y safai hen eglwys gerrig dywyll Plouyé yng nghanol y pentre.

Hen hen bensaernïaeth Gothig oedd yma. Nid gwaith meistri ar eu crefft ond gwaith llaw gwerinwyr. Y talpiau mawr o wenithfaen wedi'u brasnaddu o ryw chwarel gerllaw, wedyn eu gosod yn y parwydydd, wedi'u brasdorri. Yr eglwys yn dywyll ac yn hen iawn. Roedd y glaw wedi peidio a daeth yr haul i'r golwg. Roedd golwg dywyll ar yr eglwys o hyd, bron yn ddu, yr un llygedyn o olau trwy'r ffenestri pigfain, dim ond arlliw o ddisgleirdeb piwslas fel colur llygaid cynnil ar wyneb hen wraig groenddu.

Allan â'r bagiau a'r gitâr, ac i'r haul.

"Iawn te. Nawr fi'n mynd nôl. I'r parti," meddwn i.

"*Oui, mais oui.*" Wedyn "*Kenavo*" croch – 'da boch chi' yn Llydaweg. Wrth iddi lamu i'r 2CV "*Ici chez Anna!*" gan bwyntio at un o'r mwyaf o blith y murddunod gyferbyn â'r eglwys. Doedd dim golwg tafarn arno. Dyma benderfynu rhoi tro am yr eglwys. Roedd y drws yn agored felly aethom i'r tywyllwch, gan adael ein geriach y tu allan wrth y drws.

Roedd y mwrllwch diflas y tu mewn yr un mor llwm â'r tu allan. O'r drydedd ganrif ar ddeg neu ynghynt – pwy âi i'r drafferth o godi hwn yma? Y ffyddloniaid, does dim dwywaith, a pha ryfedd, mewn gwlad lle mae croesau cerrig i'w cael ar fin caeau neu hyd yn oed ar fin lonydd diarffordd yng nghefn gwlad. Yn draddodiadol mae'r Llydawyr yn Babyddion pybyr, yn dlawd ac yn weithgar, heb sôn am fod yn chwaraegar ac yn ddiotgar. Ein cefndryd cedyrn hynafol ar y cyfandir.

Safai allor garreg yn y pen dwyreiniol, mewn golau pŵl a ddeuai o dair agorfa gul uwch ei phen a naid fflamau cymanfa frith o ganhwyllau ar ris isel odani. Er syndod roedd yr allor yma dan orchudd lês cywrain prydferth ac arno groes arian seml.

Bwâu Normanaidd hemisfferig ar bileri byrdew oedd yn dal to carreg cromennog corff yr eglwys, i gyd o'r un wenithfaen, yn fychanigion i gyd, cartre'r Minotor y tybiwn ei fod yn huno'n dawel rywle yn y cysgodion hynafol hynny. Ychydig o ddim oedd yna heblaw maen bedydd o'r un garreg frasnadd, dwsin o gorau ac arnynt ôl cyrff yr oesoedd ar lawr teils tyllog yn dangos ôl traul. Goleuodd Gwenllian ganhwyllau fel y bydd yn gwneud bob amser, ac yn dawel aethom o oglau llwydni hynafol yr eglwys ac allan i'r haul llachar.

Sŵn tractor glas yn dod i'r sgwâr, sglefrio a stopio'r tu allan i'r tŷ yr honnir ei fod yn dafarn. Dyn mewn ofarôls yn neidio i lawr, yn mynd ling-di-long trwy'r drws digroeso, a ninnau'n rhoi ein bagiau ar ein sgwyddau gan feddwl tybed beth i'w wneud.

"Faint wnaiff hi o'r gloch?"

"Canol dydd."

"Faint o'r gloch ni'n cwrdd â Gwernig?"

"Wn i ddim, ddwedodd neb."

"Eitha peth i ni fwrw golwg ar y tŷ 'na te."

"Sdim golwg tafarn arno fe damed."

"Dere i ni gael cip arno fe, ta beth!"

A ninnau'n croesi'r sgwâr clai caled, braidd yn slacsog wedi glaw y bore, dyma dractor arall yn saethu rownd y gornel o gyfeiriad arall, a dwi'n sylwi bod yna o leiaf chwe ffordd yn arwain i'r sgwâr. Mae'r gyrrwr yn neidio i lawr, yn codi ei law ac yn gweiddi rhywbeth. Meddai Gwenllian, "Mae'n gofyn ydyn ni eisiau diod." "Dyna ni felly," gan ei chychwyn hi am y drws cyfrin. Roedd yn eitha llydan, yn arwain i stafell fawr lychlyd â llawr pren. Ar y chwith roedd siop groser, yn ôl pob golwg, â chownter bach, silffoedd yn drwm dan duniau a nwyddau eraill hyd at y nenfwd, bocsys a sachau yn llawn hyd y fyl o ffrwythau a llysiau a chasys rif y gwlith o wahanol winoedd, i gyd yn bentyrrau uchel yn y gornel. Roedd yn f'atgoffa o fersiwn mwy o siop Mary Davies yn Prendergast, Solfach, pan o'n i'n ddim o beth. Dyma deithio mewn amser o ddifri ac yn ddigon rhyfedd hefyd. "Ydi hyn yn wir go iawn?" meddwn i yn fy mhen. Papurau dal clêr – 'A, yr hen amser gynt' – yn hongian o'r nenfwd, y grisiau tro arferol yn diflannu lan lofft a dyma ddwy hen wraig yn eistedd ar gadeiriau pren wrth y cownter yn edrych lan o'u sgwrs ac yn gwenu. Sŵn ar y chwith: dyrnaid o weision fferm yn sefyll wrth far panelog pren hir yn chwerthin – roedd rhywun newydd ddwued un dda – ar yr un pryd ag yfed Pastis cymylog gwyn a smygu baco cryf. Roedden nhw'n edrych arnon ni hefyd ac yn gwenu.

"Dewch i gael llymaid," meddai gyrrwr yr ail dractor. "Saeson y'ch chi?"

"Nage, Cymry," meddai Gwenllian, "Pays de Galles! Gallois." Y peth nesaf cawsom ein hebrwng i'r bar, pawb yn siglo llaw â ni'n wyllt. Dyna i chi groeso.

"Ffrind Youenn Gwernig wyt ti, y canwr o Gymru."

"Ry'n ni'n dy ddisgwyl di."

"Fydd e 'ma chwap, mae e wastad yn dod am ddau o'r gloch." Un arall yn pwyntio at silff y tu ôl i'r bar lle safai potel unig o wisgi Glenfiddich yn amlwg ymhlith gwirodydd y cyfandir. "Dyna'i wisgi fe!"

Safai hen ŵr bychan bach, moel, shwl-di-mwl y tu ôl i'r bar. "Dyma Theo, Theophilus. Rho ddiod iddyn nhw, Theo, mae'r Cymry bob amser yn sychedig!" Gofynnon ni am seidir oedd yn seidir lleol rhagorol. I'r dim.

Cyrhaeddodd mwy o dractors a chyn hir roedd y bar dan ei sang. Cawsom ein cyflwyno i bawb, hyd yn oed yr hen wragedd oedd yn dod i mewn i nôl neges ac i gael sgwrs fach â gwraig Theo, Anna, perchennog y bar bach rhyfedd diarffordd yma. Pwten fach oedd hithau, yn ei chwedegau mae'n rhaid, â gwallt gwyn hir yn dynn mewn bynen ar ei gwar. Yr un fath â'r holl hen wragedd y cwrddon ni â nhw'r diwrnod hwnnw, roedd ganddi sgert ddu laes amdani, blows patrwm blodau, ffedog a hen gardigan wlân, oedd yn f'atgoffa o Mam-gu, Blodwen Davies o Solfach a'i ffrindiau, mamau Prendergast, fyddai'n gwisgo bron yn gwmws yr un peth. Rhyfedd o debyg – roedd gan rai ohonyn nhw hyd yn oed yr hetiau bach crosio am eu pennau ro'n i mor gyfarwydd â nhw! Ond roedd rhyw fath o wahanu, fel ro'n i hefyd yn ei gofio o orllewin Cymru: roedd y merched yn cadw at ochr dde'r stafell lle'r oedd cownter y siop. Er bod rhai ohonyn nhw'n cymryd gwydraid o seidir neu win, ddeuen nhw fyth ar gyfyl y bar lle'r oedd y dynion. Gartre yn Solfach slawer dydd fyddai merched ddim hyd yn oed yn tywyllu drws tafarn. Os oedd ar fy mam-gu eisiau rhywbeth, neu eisiau cael gafael ar Tad-cu ac yntau'n cael diod yno, byddai'n fy anfon i. Roedd yna dabŵ tebyg yma, ond roedd hyn chwarter canrif yn ddiweddarach!

Roedd y diodydd yn llifo, a mwy a mwy o bobol yn dod i mewn i gyfarfod y dieithriaid rhyfedd o Gymru – dyna groeso gawson ni. A bellach roedd y diodydd yn dechrau tynnu'n groes o'i hochor hi, â'r holl lŷsh aeth i lawr y lôn goch y noson cyn hynny; Duw a ŵyr faint roedden ni wedi'i yfed ac aeth y potio yn ei flaen er bod eu hawr ginio wedi hen ddod i ben. Rhwng canol dydd a dau y bydd ffermwyr Llydaw yn cael eu cinio fel arfer. Ond nid heddiw. 'Run fath â'r Cymry, codi bys bach ar yr esgus lleiaf!

Ond roedd y gwŷr meirch ar y gorwel, ar lun Citroën tolciog gwyrdd rasio – ac arno olwg ffwrdd-â-hi, yn hongian yn isel ac iddi grogiant 'clustog wynt' – yn criwsio rywsut-rywsut i'r sgwâr, parcio'r tu fas yn ymyl y tractors mewn cwthwm o fwd ac ohono daeth dyn anferth, dros ei ddwylath ac yn llydan fel talcen tŷ. Fel y trodd tua'r drws fe'i hadnabyddais – brenin cowbois Hollywood, y 'Dug', John Wayne. "Dacw Youenn Gwernig," medden nhw ag un llais a dyna pwy oedd e; gallwn daeru mai'r Dug oedd yno; hyd yn oed y ffordd y cerddodd drwy'r drws – hyd yn oed y ffordd y cerddodd at y bar a diod yn ymddangos fel pe bai trwy ryw hud – John Wayne o'i gorun i'w sawdl ac ro'n nhw i gyd yn dwlu ar y boi. Estynnodd law anferth a siglais hi.

"*Mond a ra*, Meic," meddai'r Dug. Y llais hyd yn oed. Yr unig beth oedd ar goll oedd y ceffyl. Roedd yn ddigon i godi croen gŵydd arna i, ond dyna ni, mae gofyn cynefino â digwyddiadau rhyfedd yn Llydaw. Mae'n lle llawn hud a lledrith, yn enwedig y Mynyddoedd Du!

Clywswn y stori fod Youenn Gwernig a rhai o'i ffrindiau yn cydymdeimlo â'r Almaenwyr, pan oedd Llydaw ym meddiannaeth yr Almaen, gan fachu ar y cyfle i ymosod ar awdurdodau Ffrainc, hynny ydi Llywodraeth Vichy. Roedd Gwernig a'i ffrindiau wedi peri rhai problemau, gan gyrraedd penllanw mewn ymosodiad ar swyddfa heddlu a'i llosgi'n ulw. Dihangodd Gwernig i Efrog Newydd a dychwelyd flynyddoedd lawer yn ddiweddarach.

PENNOD 6

Bombardiau a
phibau swnllyd eraill

PAN GYRHAEDDODD YOUENN GWERNIG, rhoddodd andros
o gic yn nhin y parti; yn awr fyddai neb yn gadael ac
ni fyddai rhagor o waith y diwrnod hwnnw. Doedd
dim dwywaith nad oedd Gwernig yn rhyw fath o arwr
cenedlaethol yn Llydaw. Roedd yn siarad Saesneg da
iawn yn null John Wayne a rhaid ei fod yn gwybod yn
iawn ei fod mor rhyfedd o debyg i hwnnw. Roedd wedi
treulio'r rhan fwyaf o'i alltudiaeth yn ninas Efrog Newydd
yn gwneud amryw swyddi ac yn troi yn yr un cylch â
Jack Kerouac ymhlith eraill, oedd o dras Llydewig, er
mai yn America y'i ganed. Rhaid eu bod nhw wedi cael
hen hwyl a hanner yn meddwi yn y tafarnau hynny yn
Greenwich Village, a Gwernig wedi gweld y cyfan – Pete
Seeger, y brodyr Clancy yn y White Horse Inn, Joan Baez
a Bob Dylan – pan oedd yn llanc. Roedd yn llawn straeon
ac wrth ei fodd yn eu hadrodd nhw, ac yn adroddwr
tan gamp! Herwgipiwyd y Glenfiddich a daeth rhesaid
o wydrau i glawr ar y bar. Arllwysodd Gwernig joch i
bawb yn ddefodol a chynigiwyd llwncdestun – i'r hyn na
allaf ond tybied ei fod, mwy na thebyg, yn dranc sydyn
i'r Ffrancwyr.

Bu gwraig Gwernig, y clywswn ei disgrifio fel "menyw

hysterig", ar y ffôn sawl gwaith yn ystod y prynhawn. Ymhen hir a hwyr daeth golwg bryderus dros wyneb Gwernig ac o'i anfodd dywedodd ei bod hi'n bryd i ni adael. Cariodd y barman gasyn pedair potel ar hugain o gwrw a'i roi yng nghwt y Citroën. Aeth tair neu bedair rownd eto cyn i ni fynd o'na ond o'r diwedd i ffwrdd â ni yn sigledig, y car yn fflychio i lawr stryd gefn a bloeddiadau a bonllefau cwsmeriaid Chez Anna yn atseinio yn ein clustiau. Ddylsai Gwernig ddim bod yn gyrru ond do'n ni'n becso'r un ffeuen am hynny; ro'n ni i gyd wedi'i dal hi! Dydi Locmaria-Berrien ddim yn bell o Plouyé, dim ond tua thair milltir, ond roedd i'w weld yn bellach na hynny oherwydd y lonydd yn troi a throelli dros bant a bryn. Dyma gyrraedd o'r diwedd a chael ein hunain y tu allan i dŷ cerrig mawr dau lawr yng nghanol gardd fawr a choed tal o'i chwmpas, lawnt dwt o'i flaen a gardd lysiau yn y cefn a gwrych coed te o'i amgylch. Roedd yna olygfa wych dros y tiroedd ffarmio i'r mynyddoedd isel yn y pellter. Safai gwraig bert ar ben y drws ac arni olwg rhywun yn aros am fws hwyr iawn. Gwraig Gwernig oedd hi ac ar ei phen dechreuodd roi pryd o dafod iddo am fod yn hwyr. Roedd e'n eitha chwil, a ninnau, ond doedd dim eli i'r clwy hwnnw heblaw noson dda o gwsg – a dim ond pump o'r gloch oedd hi. Daeth dwy ferch ifanc bert iawn â gwallt hir du allan o'r tŷ gan brotestio wrth eu mam yn Llydaweg, nad o'n i'n medru dim arni. Roedd hi'n amlwg eu bod ar ochr eu tad, yr arwr mawr o Lydawr oedd dan y fawd. O'r diwedd dyma ni i gyd yn siglo llaw ac yn cael cusan glec ar ddwy foch gan bawb, wedyn aethom i'r tŷ, i stafell fawr â thrawstiau uchel – roedd y distiau'n f'atgoffa o eglwys fach yn y wlad. "Lle da am loddest," meddwn i yn fy mhen.

Bu Youenn Gwernig allan yn rhodio'r caeau trwy'r bore, yn hel dail suran a pherlysiau eraill ac wedi'u gwneud yn gawl tew ac arno wynt ffantastig – rhywbeth arbennig iawn, fel llafur cariad. Roedd y merched hardd gwalltddu yn agor poteli o win a seidir, a'i wraig wrthi'n brysur o gwmpas ei phethe yn y gegin. Eisteddom o gwmpas y ford gyda Gwernig a'i ferched, yn dal pen rheswm am Gymru a Llydaw, hanes, bwyd, diod ac yn y blaen. Roedd Mrs Gwernig wedi dod at ei choed erbyn hyn; roedd hi'n fenyw bryderus – a pha ryfedd, a hithau'n briod â John Wayne! Roedd y bachan 'na'n yfed fel ych!

Mae'r Llydawyr yn gogyddion da odiaeth. Mae bwyd yn bwysig iawn a rhaid iddo fod yn ffrwythau a llysiau ffres, organig; mae gan y rhan fwyaf o bobol erddi mawr ac yng nghefn gwlad mae'r cig yn aml wedi'i ladd gartre neu'n lleol. Mae pysgod yn arbennig yno, yn enwedig pysgod cregyn – dwi'n aml wedi gweld tiwnaod cyfan ar werth. Mae llysiau'r maes tymhorol fel caws llyffant yn bethau amheuthun, ac yn yr hydref mae llawer o fferyllfeydd yn rhoi arddangosfa o gaws llyffant yn ffenestri eu siopau. Mowldiadau plaster ydi'r madarch. Mae'r rhai bwytadwy wedi'u trefnu ar y dde a'r lleill (y rhai *hallucinogenic*) ar y chwith, i gyd wedi'u labelu â'u henwau Lladin a Ffrangeg. Mae'r rhan fwyaf o bobol rydych chi'n taro arnyn nhw yn eitha gwybodus am eu caws llyffant, felly does dim llawer o droeon trwstan. Dwi wedi bod mas unwaith neu ddwy ar yr helfa fadarch dymhorol yn Llydaw. Ffwng Boletus ro'n ni'n ei hel fwyaf, bwyd y boda, rhai mawr brown braf na fwytawn i monyn nhw dros fy nghrogi yng Nghymru!

Un tro, ges i yffach o bryd bwyd da ar ôl bod yn hel madarch. Aethom yn ôl i dŷ Louis l'Official yn Restparcou ger Poullaouen. Roedd gennym lond tair bwced blastig o 'Bole', casgennaid fach o win coch da ar gornel ford y gegin a chrochan haearn du o gig yn lled-ferwi ar ben yr Aga. Buan yr estynnwyd hwn a gofynnodd Suzie beth oedd e.

"Nadredd," meddai Louis ar ôl saib a bu ond y dim i Suzie chwydu.

"Shwt fath o nadredd?" meddwn i. Tynnodd Louis wep, wedyn dweud, "Nadredd sy'n byw yn y dŵr!"

"O, llyswennod," meddwn i.

"Ie, ie, ie, llyswennod, ti'n gwbod." Yn dawelach ei meddwl, daliodd Suzie i fwyta.

"Diolch i Dduw am hynny," meddai hi dan ei gwynt.

Erbyn hyn roedd y llyswennod yn sisian yn braf mewn padell ffrio lydan a thynnodd Louis grochan mawr haearn o'r ffwrn. Codwyd y caead mewn cwmwl o stêm. Dacw ddarn mawr o gig wedi troi'n ddu ar ôl hir ffrwtian, yn nofio mewn saws brown bras ac i hwn yr aeth y boleti. "Cig carw," sibrydodd gyda pharchedig ofn a dyma fwyta ac yfed nes roedd y gwin wedi gorffen.Yffach o bryd bwyd ar nos Sul.

Roedd ogleuon meddwol yn dod o gegin fach Mme Gwernig ac yn anochel trodd y sgwrs at gerddoriaeth. Dyma Youenn yn dod gan gario dysglaid o gawl, y ddysgl wedi'i pheintio a'i gwydro'n gain, a dyma ninnau'n claddu *baguettes* a'i botes o berlysiau wedi'u hel â'i law ei hun. Ro'n i yn llygad fy lle: cawl suran oedd e ond y gorau y gwnes i erioed ei flasu. Wedyn cawl cwningen wyllt a llysiau'r ardd. Blasus tu hwnt. Tarten afalau nesaf a chwstard, yn gwmws fel cwstard Blodwen gartre. Mae gan gogyddion Llydaw lawer yn gyffredin â'u cymheiriaid yng Nghymru. Roedd y seidir a'r gwin yn dal i lifo'n ffri a phan oedd pawb wedi cael llond bol yn braf gadawsom y ford a mynd i gil y pentan lle'r estynnodd rhywun gitâr a dechreuodd y merched hardd ganu caneuon gwerin Llydaweg.

Roedd gan y merched leisiau hyfryd, a Mme Gwernig hithau, serch ei bod yn groch iawn a braidd yn operatig. Ond sŵn mwlsod a ddôi o leisiau Anaig a Youenn a minnau'n meddwl sut gebyst tybed roedden nhw'n cael maddeuant am roi cyngherddau. Roedden nhw fel fersiwn estynedig o'r teulu Carter ac yn tueddu i ganu gwlad a gwerin. Yna, dyna rywun yn curo ar y drws yn uchel iawn. Daw Youenn yn ei ôl a dau o bobol yn ei ddilyn, merch bryd golau bert iawn a'i chariad pryd tywyll Lladinaidd. Fe'u cyflwynwyd fel Jakez a Chantal. Roedd Jakez yn canu'r gitâr mewn band gwerin o'r enw Satanazet. Ar eu ffordd i gìg roedden nhw, y noson wedyn yn Douarnenez – porthladd pysgota hanner can milltir i'r gorllewin lle'r oedd y bencampwriaeth canu'r pibau hefyd yn cael ei chynnal. Dyma gitâr arall yn dod i glawr, wedyn f'un i a roeddem yn rhaffu alawon na chlywswn i erioed o'r blaen a phawb yn canu nerth esgyrn eu pennau – hyd yn oed Gwenllian – ac unwaith eto roedd y gwin wedi bwrw'r nod. Cododd Jakez a Chantal eu pabell yn yr ardd a maes o law, yn feddw dwll, aethom i gyd i'n gwlâu.

Haul twym braf trwy ffenest agored. "Lle'r ydw i?" Mae meddyliau'n dechrau fy neffro. Yn yr ardd mae rhywun yn chwythu offeryn chwyth croch iawn; rwy'n edrych trwy'r ffenest. Jakez Guyot sydd yna, ei fochau'n pwffian fel Dizzie Gillespie, yn chwythu fel y diawl ar rywbeth oedd i'w weld yn debyg i hanner clarinét. Dyma'r tro cyntaf i mi gwrdd â'r *bombard*, pib genedlaethol Llydaw, sy'n fawr ei pharch. Bagbib fach, un drôn yw'r llall, o'r enw *biniou*, un groch dreiddgar, tra mae'r *bombard* yn ddyfnach ei dinc, yn fwy bombastig. Maen nhw'n chwarae deuawdau, y cerddorion gan amlaf yn eistedd ar gasgen seidir fawr, yn chwarae ac yn yfed nes i'r ddau gerddor syrthio'n hwdel yn feddw gaib ac mae rhywun yn dod i'w lle nhw nes bydd y seidir wedi sbyddu a phawb yn dablen ar lawr!

Pwysodd Youenn Gwernig allan o'i ffenest a bloeddio "Gad dy sŵn!" mewn Llydaweg croch. Jakez Guyot, a Chantal yn dangos ei phen trwy labed y babell, yn g'lana chwerthin! Dyma wisgo amdanom a mynd i lawr i'r ardd i weld beth oedd ar droed. Mae Gwernig yn cyrraedd; mae hi'n hanner awr wedi un ar ddeg. Mae golwg feddw arno fe o hyd, yn gwegian yn ei glocsiau, cawr ymhlith y cidna-bêns. Mae'n crafu ei ben a golwg fel pe bai mewn penbleth arno. Af ato. "Be sy'n bod, Youenn?" Mae'n troi a golwg alarus ar ei wep. "Dwi wedi colli'r ffycin cwrw." Pa gwrw, tybed? Y casyn y daethom ag ef o Plouyé nad oedd e ddim am i'w wraig ei weld, siŵr o fod. "Dyna fe," gan bwyntio at y lle dan y coed te lle'i gwelais yn ei gwato fe'r noson cynt. Lledodd ei wyneb yn wên o glust i glust ac fel pe bai trwy ryw hud dyma declyn agor poteli yn ei law. Mae'n rhoi clec i dair neu bedair potel ar ei ben gan roi rhai i Jakez a minnau. A safwn ymhlith y llysiau yn chwalu'n pennau clwc yn braf.

Mae Gwernig hefyd yn saer coed penigamp. Mae'n dangos ambell i ddarn i ni cyn i ni neidio i Peugeot tolciog Jakez a'i gwneud hi am yr ŵyl canu pibau yn Douarnenez. Unwaith eto mae'r wlad las yn gwibio heibio a rydym yn gyrru ar hyd glan bae anferth, wedi ei amgáu i raddau helaeth â'r tir, hanner ffordd rhwng Kemper a Brest ar lannau'r gorllewin. Mae'n ddigon i fynd â'ch gwynt chi! Diwrnod braf, dim cwmwl yn yr awyr las. Llyngesau o gychod bach, rhai â hwyliau gwyn fel cymylau, eraill yn llosgi olew, yn pysgota yn y pellter, ac awel y môr yn fwyn yn ein hwynebau.

Mae'r môr dan olau'r haul yn garped arian fflachiog yn ymestyn o fae creigiog clogyrnog Douarnenez yn bell bell allan i Fôr Gwasgwyn a'r Iwerydd. Dyma'i chychwyn hi am y *crêperie* anochel, ar ein cythlwng ac mewn hwyliau da.

PENNOD 7

Fest-noz

NID YW'R TERM YMA, o'i gyfieithu i'r Gymraeg yn golygu 'Gŵyl Nos', yn cael ei ddefnyddio ar gyfer pob gŵyl sy'n digwydd yn y nos yn Llydaw. Nid yw'n cyfeirio at sioe o ddawnsfeydd Llydewig, ond yn hytrach at noswaith o ddawnsio traddodiadol Llydewig lle disgwylir i bawb sy'n bresennol gymryd rhan. Heddiw, gwelwn bosteri yn cyhoeddi 'fest-noz' ym mhob man yn Llydaw.

Nid fel hyn y bu hi erioed. Yn y cyfnod yn union wedi'r rhyfel, a hyd yn oed ar ddechrau'r pumdegau pan oedd yr adfywiad mewn diwylliant Llydewig yn ei anterth mewn meysydd fel cerddoriaeth, dawnsio, yr iaith Lydaweg ac yn y blaen, nid oedd unrhyw ddigwyddiad 'gwerin' o'r math yma yn bod, ac ar ben hyn, roedd y term 'fest-noz' yn anghyfarwydd yn y rhan fwyaf o Lydaw cyn diwedd y pumdegau.

Felly, er mwyn deall ystyr cyntaf yr ŵyl nos Lydewig hon, mae'n rhaid i ni fynd yn ôl i'w milltir sgwâr wreiddiol ac i'r amgylchiadau oedd yn bodoli ar y pryd yn yr hen ddraddodiad gwerin.

Ardal wreiddiol y 'fest-noz' ydi canol Cornouaille, yn fwy manwl, rhan o'r Cornouaille mewnol, a oedd wedi ei chyfyngu yn nauddegau'r ganrif ddiwethaf i ryw ddeg o gantonau gyda phedwar ohonynt yn Finistère, sef Carhaix, Huelgoat, Châteauneuf-du-Faou a Pleyben.

Ail nodwedd y 'fest-noz' ers talwm oedd na fyddai byth yn digwydd yn y dref, ond bob tro yn y wlad, ar y fferm ei hun lle roedd yn cloi y dyddiau gwaith mawr cymunedol, yn arbennig adeg *an dornadeg* (dyrnu'r ŷd), *an dennadeg avaloù douar* (codi'r tatws), *al leur nevez* (adnewyddu'r dyrnu) ac yn fwy hynafol *difontadeg* (clirio tir gwyllt o dyfiant eithin a banadl). Roedd y wledd briodasol ar y fferm yn cael ei dilyn gan 'fest-noz'. Trydedd nodwedd yr ŵyl nos wledig hon oedd y byddai'r dawnsio'n digwydd i sŵn y llais yn unig, *Gand daou ganer o ren an dañs*, gyda dau ganwr yn arwain y ddawns. Fel yr eglurodd JM Guilcher, awdur *Tradition Populaire de Danse en Basse Bretagne* (Traddodiad Gwerinol Dawnsio Llydaw Isaf), 'Mae pob canwr yn dechrau ar nodau olaf y frawddeg sy'n cael ei chanu gan ei gydymaith gan gydganu ag e – cyn canu ei frawddeg ei hun yn unigol, a fydd ar ei therfyn yn galw am gyd-uno lleisiau eto. Dyma dechneg y *Kan ha diskan* (cân a gwrthganu).'

Roedd yr hen 'fest-noz' wledig a thraddodiadol yma yn dal yn fyw iawn ar ddiwedd y dauddegau ac mewn rhai mannau – Maël Carhaix a Rostrenen – tan tua 1935, cyn diflannu'n llwyr ar ddiwedd y tridegau.

Ar ôl atgyfodiad naturiol ond byrhoedlog oherwydd y mudo yn ôl at y tir yn y blynyddoedd '42–'43, nid oedd yr ŵyl nos wledig fawr mwy nag atgof ar ddiwedd y pedwardegau. Ond roedd yn atgof byw iawn i rai cyflwynwyr ifainc megis P Huiban, L Ropars a R Le Béon a oedd â'u bryd ar adfer parch tuag at ganu a dawnsfeydd i gyfeiliant cân eu milltir sgwâr.

Yn haf '39 ac wedyn yn y blynyddoedd cyntaf wedi'r rhyfel, roedd cynulleidfa'r gwyliau Llydewig, neu'r gwyliau gwerinol, yn dysgu adnabod a gwerthfawrogi y 'ddawns dro yn cael ei chanu mewn tair rhan' a gâi ei chyflwyno ar lwyfan bellach ac yn y dref gan amlaf, gan Gylch Celtaidd Mesaerien Poullaouen yn gyntaf oll ac yna gan gylchoedd eraill.

Roedd y 26ain o Ragfyr 1954 yn garreg filltir bendant yn y broses o ddychwelyd at wreiddiau'r traddodiad. Am y tro cyntaf, cynhaliwyd diwrnod mawr yn Poullaouen ar gyfer cyflwyno *Kan ha diskan*, gyda chystadleuaeth ar gyfer pob oedran. Cafwyd wedyn pum niwrnod blynyddol arall yn Poullaouen, Spézet, Châteauneuf-du-Faou a Gourin, lle roedd golygfeydd o ddawnsio i'w gweld bob yn ail gyda sgetsys yn Llydaweg a'r cyfle i glywed *kanerien* a *diskanerien*.

Hyd yn oed cyn yr ail gystadleuaeth *Kan ha diskan* ar Hydref 30ain 1955, bu noson fawr agoriadol arall yn Poullaouen, gyda'r *fest-noz* yn digwydd mewn neuadd ddawns am y tro cyntaf ac nid ar ffẹrm fel yn y dyddiau cynt.

Roedd hyn yn mynd yn ôl i'r hen draddodiad ond ar yr un pryd yn addasu i'r amgylchiadau cymdeithasol ac economaidd newydd (y mudo o gefn gwlad, y datblygiad mewn cysylltiadau ac yn y blaen).

Roedd pobl nawr yn dawnsio i'r *Kan ha diskan* ond yn neuadd ddawns y dref, a oedd tan hynny wedi ei chadw ar gyfer dawnsfeydd ffurfiol, modern a dinesig. Yn ogystal roedd parau o gantorion, gyda gwahanol gyplau yn cymryd drosodd o bryd i'w gilydd, yn canu ar lwyfan, gan amlaf o flaen meicroffon, gyda'r dawnswyr ar wahân.

Datblygodd y *fest-noz* ar ei newydd wedd yn 1957, gan ledaenu'n gyflym drwy ei holl diriogaeth wreiddiol, ac ymestyn yn raddol dros yr holl dir Llydaweg ei iaith, a hyd yn oed dros Lydaw gyfan. Ond, o dipyn i beth, roedd yr ŵyl nos Lydewig yn newid, yn enwedig o'r saithdegau ymlaen, gyda rhestr y dawnsfeydd, a oedd ar y dechrau wedi ei chyfyngu i restr y filltir sgwâr, nawr yn cynnwys mwy a mwy o ddawnsfeydd o Lydaw gyfan, a'r bandiau newydd fel y *bagadoù* yn chwarae rhan gynyddol bwysig.

Felly mae'r camau a gymerwyd yn ystod y blynyddoedd yma wedi dwyn ffrwyth. Gyda'r *fest-noz* a'r digwyddiad trefol cyfatebol a welwyd yn 1958 yn Kemper o dan yr enw *bal Breton* (dawns Lydewig), fe ddychwelodd y ddawns draddodiadol Lydewig at ei phwrpas gwreiddiol o fod yn ddawns dorfol.

Y mae Pwyllgor Gŵyl Cornouaille – yr ŵyl fawr gyntaf i gynnwys dawns Lydewig *fest-noz* ar ei rhaglen yn 1964 – yn gwahodd y cyhoedd i gymryd rhan yn y ddawns dorfol hon bob blwyddyn.

Ond cyn mentro i mewn i'r cylch, fe argymhellir yn gryf fod pob un yn dilyn y sesiynau dawnsio a chanu Llydewig i ddechreuwyr, a gaiff eu cynnal bob dydd ar hyd yr wythnos ŵyl o ddydd Llun tan ddydd Gwener.

Roedd Patric Mollard yn chwarae yn yr un band â Jakez Guyot, ac roedd yn bibydd dawnus dros ben. Roedd wedi ennill y bencampwriaeth y diwrnod hwnnw a byddai'n chwarae gyda'r band Satanazet yn y *fest-noz* gyda'r hwyr. Ar drwyn o dir creigiog yr oedd y *fest-noz*, i'r gogledd o Douarnenez lle'r oedd yna hen eglwys Geltaidd. Roedd llwyfan wedi'i godi yn erbyn wal yr eglwys oedd yn wynebu pant fel powlen tua hanner maint cae pêl-droed.

Pan gyrhaeddon ni roedd hi'n nosi, yn dal i fod yn dwym braf ar ôl diwrnod hyfryd o haul ac roedd yna grugyn o bobol yno'n barod, cant neu ddau'n eistedd ar y creigiau'n yfed gwin mewn hwyliau disgwylgar. Popeth yn hamddenol ac yn hwyliog braf a phawb fel tasen nhw'n

71

siarad Llydaweg. Roedd y lle'n drawiadol a golygfa eang i bob tu – dros fae Douarnenez tua'r gogledd-orllewin roedd fflydoedd bychain o gychod pysgota o hyd, a hwyliau llongau mwy yn gwibio yma a thraw yn y pellter niwlog.

Roedd pobol eraill yn codi byrddau trestl dan gysgod cynfas. Roedd 'da nhw blatiau poeth a photeli o nwy i wneud *crêpes* (*krampouez* yn Llydaweg, sef crempog) neu *galettes* (crempog gwenith du, sawrus, ychydig yn fwy swmpus). Eraill yn gosod gridyllau, golwythion, stêcs a sosejis a llond gwlad o gratiau o win a chasgenni o seidr. Mae'r Llydawyr yn fwytawyr o fri ac maen nhw'n gwybod eu pethau i'r dim pan ddaw hi'n barti, a dyma ni, ar y gair, yng nghanol un mawr. Roedd system sain wedi'i gosod ar y llwyfan ac wedi'i weirio, a cherddorion yn dechrau rhoi prawf ar y sain. Roedd hi wedi tywyllu erbyn hyn ond roedd y nos wedi'i goleuo â chlamp o goelcerth a phŵer o rai llai ar gyfer coginio bwyd. Cyn bo hir roedd yr awyr yn llawn sŵn y pibau *biniou* a *bombard* traddodiadol a phobol yn dechrau dawnsio yn yr amffitheatr naturiol welltog islaw lle'r o'n ni'n eistedd. Anfarwol! Ro'n ni wedi dod â'n gwin a'n seidr ein hunain 'run peth â phawb arall a dyma ni'n eistedd ac yn lleibio'r awyrgylch hefyd!

Cyflymodd rhythm y pibau a mynd yn fwy croch, a chyn bo hir roedd yna gryn bedwar neu bum cant o bobol yn dawnsio mewn rhes donnog hir, law yn llaw, yn gadwyn hir o ddawnswyr yn troi ac yn troelli, yn gweu ac yn gwargrymu i gyfeiliant y gerddoriaeth. Welswn i erioed mo'i debyg. Pan oedd y dawnswyr wedi blino neu am gael hoe fach am joch neu fwgyn, deuai eraill i'w lle, yn rhywbeth llwythol diddiwedd ac arno liw arallfydol y cynfyd yn fôr o olau'r tanau'n neidio. Wedyn cododd y lleuad ac roedd yr arena, a'r môr y tu draw, yn arian lledrithiol a'r fflamau'n neidio'n felyn, yn felyngoch ac yn goch, yn britho cysgodion y rhes oedd yn dawnsio dan lamu a sigo, yn gweu ac yn cordeddu ac yn ymsythu fel sarff anferthol yn y gwelltglas.

Ymesgusododd Jakez, codi'i gitâr a'i chychwyn hi am y llwyfan; roedd hi'n bryd i'r prif atyniad, Ar Satanazet. Roedd gan y rhan fwyaf o'r bandiau gwerin Llydewig cynnar hynny enwau ymosodol iawn fel Demoniaid y Mynyddoedd, Diaouled ar Menez, neu'r Sataniaid, Ar Satanazet. Ac ro'n nhw'n chwarae fel demoniaid hefyd, bwgi nerth esgyrn pob gewyn. Bellach rhaid bod yna dros fil o bobol ar eu heistedd, yn bwyta ac yn yfed neu'n dawnsio yn y ddawns neidr enfawr yn llamu ac yn cordeddu. Roedd yn gyfareddol, ac yn hoelio'r sylw bob tamaid. Ymhen hir a hwyr dyma ni'n magu plwc i ymuno a chyn pen dim roedden ninnau'n rhan o'r ddawns neidr lwythol hynafol hon oedd yn creu agosatrwydd ac undod. Ac ar ben hynny roedd fflach ffrogiau llachar y merched yn britho'r rhes a sawl un o'r dynion yn gwisgo crysau brethyn plod o wahanol liwiau, llawer ohonyn nhw â chlocsiau am eu traed, i'r dim at y ddawns hon yn ymlusgo'n ara.

Roedd y Satanazet yn ffantastig – dau ddrymiwr, brawd Patric Mollard, Jakez, a drymiwr cit, Patric ar fagbibau'r Alban, *bombard*, rhyw fath o glarinét hanner maint sy'n perthyn i chwythgorn yr Arabiaid, y *biniou* bach Llydewig a dim ond un drôn ac alawbib, canwr ffliwt, a Jakez yn canu gitâr acwstig Yamaha. Roedd y dawnswyr yn colli'u pennau'n lân a phawb arall hefyd, ac ymlaen ac ymlaen â hi nes i'r lleuad fachlud a phobol o un i un yn crwydro i ffwrdd i'r tywyllwch.

Drannoeth, deffrais i ar lawr rhyw fflat. Clywn i'r

gwylanod yn cadw cythraul o dwrw tu fas. Tynnais i'r llenni ac agor drws-ffenestr a nghael fy hun ar falconi bloc o fflatiau yn union ar lan y cei. Doedd neb arall ar hyd y lle felly dyma adael drws y ffrynt heb ei gloi a mynd i lawr y stâr i'r byd mawr, i ddiwrnod newydd hyfryd arall. Mae'r porthladd yn Douarnenez, oedd yn ei dydd yn dref benwaig bwysig iawn, yn hardd i'w ryfeddu. Mae yna forglawdd rhwng y porthladd mewnol, lle mae'r cychod bach wrth eu hangor, a'r porthladd allanol sy'n mynd i'r cefnfor. Fel rydw i wedi sôn o'r blaen mae'r glannau hyn yn anhygoel o greigiog a rhaid bod y morwyr yn ddewr, a dweud y lleiaf, yn llywio'r culforoedd hyn cyn codi'r porthladdoedd cysgodol. Ar y dechrau roedden nhw'n pysgota o gychod dwy droedfedd ar bymtheg hyd at bump ar hugain o hyd, o bren cadarn, ac fel arfer byddai criw o bump o fechgyn a dynion ac o'r cychod hyn, â rhwyfau a than hwyliau, fydden nhw'n rhwydo'r penwaig, miloedd ar filoedd ohonyn nhw. Cynnyrch penwaig Douarnenez a fwydodd Ffrainc ar ôl y Chwyldro Ffrengig, a oedd wedi anrheithio cefn gwlad Ffrainc bron hyd at newyn. Mewn ffordd, roedd y bechgyn a'r merched bach Llydewig hyn wedi achub bywyd cenedl. Ond roedd bywyd yn galed: do'n nhw fawr gwell na chaethweision. Roedd puteinio'n rhemp ac roedd yna glefyd, marwolaeth ac adfyd ar led i bobol Douarnenez yn sgil cynhaea'r môr. Codi mwy o eglwysi wnaeth y cefnog wrth gwrs, unwaith eto, fel y maen nhw bob tro, gan fyw mewn breuddwyd gwrach eu bod nhw'n nes i'r nef o wneud hynny! (Gweler y Gwynfydau!)

Saif Douarnenez ar lannau gogledd-orllewin Llydaw i'r dwyrain o'r Pointe du Raz – y man mwyaf gorllewinol yn Ffrainc, er bod llawer o Lydawyr yn ystyried Ffrainc yn wlad dramor! Mae bae enfawr Douarnenez, sy'n wynebu'r gorllewin i Fôr yr Iwerydd, yn ddeng milltir ar hugain dda o led ac mae'n hardd iawn, beth bynnag bo'r tywydd. Pentre pysgota ydi Douarnenez ers cyn cof ac ar ôl y chwyldro a rhyfeloedd Napoleon roedd yna brinder bwyd ofnadwy, a llawer o'r tir âr wedi'i ddiffeithio a channoedd a miloedd o filwyr – llawer ohonyn nhw gynt yn ffarmio'r tir – wedi'u lladd. Daeth Douarnenez yn borthladd pysgota sardîns anferth, gan gyflogi dros bedair mil o bysgotwyr ar un adeg. Roedd wyth cant o gychod pysgota yn cario criwiau o bump, llawer ohonyn nhw'n ddim ond llanciau ar ddechrau eu glasoed.

Wedi glanio'r dalfeydd sardîns, câi'r pysgod eu stwnsio a'u mathru â llaw â cherrig mawr i dynnu'r olew. Câi'r gweddillion mwydion pysgod eu sychu neu'u piclo, cyn eu hallforio i bob rhan o Ffrainc newynog. Prin bod Douarnenez yn gallu dod i'r lan gan gymaint y galw am fwydion ac olew'r pysgod. Roedd plant ifainc yn cael eu cyflogi fel mathrwyr pysgod. Yn ddiweddarach, dyfeisiodd gŵr o Rennes beiriant prosesu pysgod, wedyn daeth y gweithfeydd canio a bellach byd masnach oedd hwn. Gwnaeth aml un ei ffortiwn, a daeth y pentre pysgota bach yn dre fawr, da ei byd. Roedd gormod o addolwyr i'r ddwy eglwys ymdopi â nhw felly cododd y masnachwyr pysgod eglwys fawr newydd sy'n sefyll yng nghanol y dre.

Saif llawer o'r hen dai o'r bymthegfed ganrif o hyd, o bopotu strydoedd cefn culion hen a hynod ar lethr y bryn y tu ôl i'r hen borthladd a phobol yn byw yn yr hen dai yma o hyd. Aeth yr helfa sardîns fawr yn ei blaen am dros gan mlynedd. Mae pysgotwyr Douarnenez yn dal i daeru hyd heddiw fod sardîns yn bysgod chwit-chwat, yn anodd eu dal. O gychod hwylio agored bychain yr oedd eu dal nhw, mewn rhwydi, ar ôl denu'r heigiau i'r wyneb trwy daenu bol penfras ar hyd wyneb y môr.

Heddiw, trap twristiaid ydi Douarnenez i bobol o bedwar ban byd a phobol ddŵad ydi llawer o'i thrigolion o rannau eraill o Ffrainc, o Brydain hyd yn oed, nid yn annhebyg i bentrefi ar lannau gorllewin Cymru. Ac mae gan Douarnenez drafferthion tebyg. Fel dwi wedi sôn eisoes, mae'r rhan fwyaf o Lydawyr ifainc yn cael gwaith ym Mharis, beth bynnag.

Gobeithio y gallwch fynd yno ryw ddydd. Cewch chi flas ar Douarnenez!

Yn y man, aeth fy nhrwyn â fi i'r farchnad bysgod, y fwyaf a welswn erioed. Ro'n i'n meddwl bod yr un yn Aberdaugleddau yng Nghymru yn fawr, ond roedd hon yn wahanol, a mathau lawer o bysgod na welswn i erioed monyn nhw o'r blaen. Brynais i ddwsin o fecryll am y nesaf peth i ddim a'i chychwyn hi'n ôl tua'r fflat ar ochor arall y porthladd... os cawn i hyd iddo a'r fath ben clwc arna i! Cael hyd iddo wnes i a Jakez yn cael paned o goffi ar y balconi. Cymerodd yntau'r llyw yn y gegin, daeth bara a menyn ar glawr fel pe bai trwy hud ac wrth gwrs y poteli o Muscadet Sur Lie, a chawson ni i gyd lond bol o frecwast da.

Eistedd ar y balconi wedyn am oriau, yn sgwrsio am y noson cynt ac yn dal pen rheswm am bethau o bob lliw a llun a'r gwin yn troi o wyn i goch a'r coffi'n mynd yn Cognac. "Dyma'r ffordd i'r bywyd iach," meddwn i. A doedd neb yn anghydweld! Chefais i erioed wybod yn fflat pwy y buon ni'n cysgu ond mae peth felly'n ddigon cyffredin yn Llydaw, sy'n ddiarhebol am ei chroeso. Mae'r Llydawyr yn dwlu ar y Cymry ac yn agor eu seleri gwin led y pen ar yr esgus lleiaf! Yn ddiweddarach gawson ni hyd i'r car, llwytho'n gitarau a'i chychwyn hi o'r dref o'n hanfodd.

"Lle 'dan ni'n mynd rŵan?" gofynnodd Gwenlli.

"St Malo," meddai Jakez, "fuost ti yno erioed?"

"Naddo," meddwn i, "ond dwi'n siŵr o ddod nôl i Douarnenez."

Roedd y noson wedi bod yn brofiad heb ei ail, yn fyw yn y cof o hyd ac yn dawnsio trwy mhen i. Adleisiau, cerddoriaeth y bib a'r drwm, rhythm dawnsio neidr gwyllt ac undod y cyfan, Llydawyr yn effro – yn codi o'u cwsg tragwyddol fel Arthur a'i farchogion – chwalodd y freuddwyd y noson honno. Llydawyr yn suo fel haid o wenyn yn y byd go iawn, y *chouchenn*, y medd – nid stori dylwyth teg, ro'n ni'n un â phawb yn y lle hudolus hwnnw yng ngolau'r lloer.

Y tu ôl i ni yn y gorllewin roedd tonnau'r Iwerydd yn torri ar lannau Douarnenez a'r llanw'n sgubo cildraethau a morlannau'r bae, rhyfeddod yn pefrio, y môr yn llygad yr haul. A dyma'r hen Peugeot GU4 yn bustachu mynd â ni oddi yno ar hyd lonydd cefn gwlad hynafol gysegredig. Ar ffo i'r dwyrain!

Nodiadau ar Gerddoriaeth Lydewig a Cheltaidd Fodern

"Yn ôl syniadau yr oes sydd ohoni, dau fodd yn unig sydd mewn cerddoriaeth. Y llon a'r lleddf. Mae hyn wrth gwrs yn gyfeiliornus. Cysyniad modern, nad yw'n fwy na hanner can mlwydd oed, yw rhannu cerddoriaeth yn ddau fodd. Mae moddau eraill bellach wedi eu cau allan. Nid yw dyn modern y byd gorllewinol bondigrybwyll yn gallu profi teimladau cerddorol tuag at foddau eraill y mae'n ystyried eu bod yn drawsgyweiriadau llon a lleddf. Nid yw'n eu hystyried yn drefnau annibynnol." Mae'r datganiad yma ynddo'i hun yn hanner can mlwydd oed ac mae wedi'i godi o'r *Dictionnaire historique des musiciens*. Yn raddol yr ymwthiodd yr hoffter tuag at y llon a'r lleddf, ac roedd yn amrywio o'r naill genedl i'r llall. Roedd cenhedloedd megis yr Almaen a'r Eidal eisoes ymhell ar y blaen mewn cerddoleg; y rhain oedd gwledydd geni cyfansoddwyr mawr, a nhw oedd y rhai cyntaf i ddirmygu amhendantrwydd y moddau hynafol.

Roedd Llydaw yn eithriad, ac mae'n dal i fod. Mae moddau a ddirmygir gan wledydd eraill yn dal i gael eu defnyddio yno. Nid parhad traddodiadau wedi hen ddarfod sydd dan sylw yma, wedi'u trosglwyddo o'r naill genhedlaeth i'r llall. Mae hwn yn draddodiad byw. Mae cyfansoddwyr Llydewig heddiw, na wyddan nhw ddim am elfennau cerddoriaeth, yn dal i sgrifennu alawon tebyg i alawon moddol hynafol. Yn ôl pob tebyg, fel arall allen nhw ddim gwneud na rhych na rhawn o gerddoriaeth!

Mae penrhyn Llydaw ar ymyl gorllewinol pellaf Ewrop, ymhell o'r mynd a'r dod a'r cymysgu poblogaethau yn y dwyrain. O ganlyniad, ychydig o newid a fu cyn y bedwaredd ganrif ar bymtheg. A hyd yn oed pan ddigwyddai unrhyw newid, buan y câi ei droi i fod at ddant y bobl oedd yn dewis cadw eu traddodiadau, ac i gwrdd â'u hanghenion doed a ddelo.

Newidid alawon oedd yn dod o'r tu allan i wneud iddyn nhw gydweddu â saernïaeth felodig a rhythmig gorllewin Llydaw. Roedd yr iaith Lydaweg yn cael ei defnyddio'n eang ar y pryd. Yng nghefn gwlad roedd naw deg y cant o'r bobl yn byw ac yn gweithio ar y tir, ac ychydig o gysylltiad oedd ganddyn nhw â'r byd mawr y tu allan. Doedd gan y Llydawyr fawr ddim cysylltiad â gweddill Ffrainc, Ewrop na hyd yn oed pobol gororau Llydaw. Y *Gallos* ydi'r rhain, y bobol a roddodd y gorau i siarad Llydaweg yn y ddegfed ganrif. Does fawr o ryfedd mewn gwlad fel Ffrainc mai ychydig o Ffrangeg oedd gan dri o bob pedwar o'i thrigolion cyn 1800. Yn Llydaw, felly'r oedd hi mor ddiweddar â 1900.

Rhwng y Rhyfel Byd Cyntaf a'r Ail roedd mwy na miliwn a hanner o bobol yn medru'r Llydaweg. O fewn hanner can mlynedd mae'r nifer hwnnw wedi lleihau i lai na hanner miliwn. Cyn y Chwyldro Ffrengig cysylltiadau anfynych, ac arwynebol, oedd rhwng pobol Llydaweg eu hiaith a gweddill y byd. Ym 1532 rhoddodd cynghrair rhwng Ffrainc a Llydaw rywfaint o annibyniaeth i'r

Llydawyr – er enghraifft, roedd gwŷr ifainc wedi'u hesgusodi rhag gwasanaeth milwrol. Ond gefn nos ar Awst y 4ydd 1789 dilëwyd y breiniau i gyd. O hynny ymlaen byddai hawliau holl ddinasyddion Ffrainc yn union yr un peth. Aeth gwasanaeth milwrol yn ddyletswydd i bob dyn. Yn ystod rhyfeloedd Napoleon daeth yn orfodol, er mwyn gwneud yn iawn am y colledion yn y fyddin. Am y tro cyntaf roedd gwŷr ifainc Llydaw yn dod i gysylltiad ag estroniaid, ac yn clywed ieithoedd newydd. Duw a ŵyr sawl iaith a thafodiaith gâi eu siarad ym myddin Napoleon!

Daeth y milwyr ifainc Llydewig yn eu holau i Lydaw ac, i'w canlyn, death caneuon lawer sydd i'w clywed hyd heddiw. Alawon dawns megis 'Il pleut bergère', 'Madame Vito avait promis', 'Marlborough s'en va t'en guerre', 'Aupres de ma blonde', 'Compère Guillery' a'r 'Bal à dieux', alaw y cafwyd hyd iddi yn Plozevet ym 1943, sef y gân enwog o'r Chwyldro, 'La Carmagnole'.

Yng ngorllewin Llydaw ac yn ardal y gororau, yr ardal *Gallo*, mae deuddeng modd ar waith. Parhad cerddoriaeth y canoloesoedd yng Ngorllewin Ewrop yw hyn, yn drwm dan ddylanwad trefn gerddorol yr hen Roeg, sy'n hollol wahanol i'r drefn heddiw. Roedd cynifer o foddau ag yr oedd o raddfeydd. Bu llafargan Regoraidd, neu flaensiant, yn ddylanwad pendant ar gerddoriaeth Lydewig. Bu'r llafargan Regoraidd yn ei thro dan ddylanwad cerddoriaeth Roegaidd. Mae cerddoriaeth Lydewig yn fonodig ac yn ddiatonig. Dyw poliffoni ddim yn perthyn i draddodiad cerddoriaeth Lydewig lle ni cheir dilyniannau cromatig. Ddiwedd y pumdegau, trwy'r chwedegau a'r saithdegau, gwelwyd adfywiad aruthrol mewn canu gwerin poblogaidd ym Mhrydain a Llydaw, ac yn y bennod hon gobeithio y gallaf roi rhyw syniad o sut y digwyddodd hyn, yn enwedig yn Llydaw.

Ar ôl yr Ail Ryfel Byd, yn sgil datblygu'r diwydiant recordiau gramoffon masnachol modern, daeth cerddoriaeth o bob math o fewn cyrraedd y rhan fwyaf o bobol. Recordiwyd a rhyddhawyd, ar recordiau ac ar bapur, y rhan fwyaf o *genres* cerddorol, gan gynnwys llawer math o gerddoriaeth werin. Y gerddoriaeth ddalen gyntaf a brynais i oedd cân Wyddelig o'r enw 'The Spinning Wheel'. Nid cân werin moni o gwbl, fel ro'n i'n tybio ar y pryd; yn y 1920au y'i sgrifennwyd hi, gan awdur anhysbys. Roedd llawer o gantorion ifainc fel fi yn dechrau casglu caneuon i'w canu yn y rhwydwaith clybiau gwerin a oedd yn datblygu mewn gwledydd fel yr Alban, Iwerddon, Cymru a Llydaw wrth gwrs. Ac yn yr Unol Daleithiau America, yn enwedig yn ninas Efrog Newydd, bu mynd mawr ar Ŵyl Canu Gwerin Newport ers rhai blynyddoedd. Dwi'n meddwl mai pobol fel Pete a Peggy Seeger a Theodore Bikel a'i cychwynnodd fwy neu lai'r un pryd ag yr argraffwyd *Singout Magazine* a'i gyhoeddi yn Efrog Newydd. Roedd agosatrwydd a chariad yn y gwynt, a diddordeb mawr yng nghaneuon hardd yr hen ddyddiau, a oedd bron wedi diflannu o'r tir erbyn hynny, ac wedyn wedi'u hailddarganfod gan bobol fel John ac Alan Lomax ac yn ddiweddarach gan gantorion megis Joan Baez, Jean Redpath, Shirley a Dolly Collins, H L Lloyd, Ewan MacColl, Harry Boardman, The Clancy Brothers, ac Alex Campbell. Cynifer o gantorion, rhy niferus i'w crybwyll, ond chwaraeon ni i gyd ein rhan yn nadeni'r gerddoriaeth hyfryd hon. Hyd yn oed Bob Dylan, oedd yn mynd i fod yn seren roc ond a ddaeth i fri drwy'r drws cefn trwy'r clybiau gwerin. Wedyn daeth Albert Grossman a roddodd actau megis The Kingston

Trio, Peter, Paul & Mary, The Rooftop Singers a wedyn Bob Dylan, yn y siartiau. Roedd hyn er mawr ofid i'r puryddion na roddai'r rhan fwyaf o'r cnafon rhagrithiol mo'u baw i gi, yn fy marn i. Roedd pawb yn sgrifennu, yn sgrifennu caneuon hyfryd, cystal bob tamed, a gwell, na'r hen ganeuon. Dylan oedd y ceffyl blaen yn y chwyldro; roedd yn anwleidyddol, ac ni thalai wrogaeth i'r un blaid na charfan. Bu'n gyfrwng i roi hwb i ganu gwerin i'r uchelfannau, i neuaddau cyngerdd a stadia mawrion y blaned, gorchest anhygoel gan ganwr gwerin digon cyffredin ei ddawn yn ei ddyddiau cynnar a'i châi hi'n anodd torri trwy'r gwerins diwyro yng nghlybiau a thai coffi Greenwich Village.

Ymgnawdoliad yr adfywiad canu gwerin yn ffrwtian yn Llydaw oedd canwr a chyfansoddwr caneuon o Maël-Carhaix – Glenmor. Os oedd rhywun yn dad i gerddoriaeth Lydewig fodern, Glenmor oedd hwnnw, ac ef, os rhywun, oedd tad adfywiad y gerddoriaeth hon. Glenmor a recordiodd ganeuon cynta'r adfywiad, gan ddeffro'r hen a'r ifanc fel ei gilydd i'r ffaith fod treftadaeth gerddorol rymus ac enfawr yn Llydaw.

Mae recordiadau cynnar Glenmor yn amrwd, yn debyg iawn i'r gerddoriaeth gyfatebol yng Nghymru. Nid oedd yn gitarydd nac yn ganwr da, ond canai ag angerdd dros achos y gerddoriaeth. Mae ei lais yn gryg ac yn groch ond daeth yn ysbrydoliaeth i bawb. O berfeddwlad chwarae traddodiadol roedd yn hanu, o gyffiniau Carhaix, Poullaouen a Huelgoat, hanner can milltir o Roscoff.

Rhai cartref oedd recordiau cyntaf Glenmor, wedi'u rhyddhau ar ei label ei hun, Ternel. Recordiau 45rpm o'n nhw, disgiau estynedig yn union 'run peth â fy recordiau cynnar i yn Gymraeg. Roedd Glenmor yn aelod o'r blaid Gomiwnyddol a gyda'u cymorth nhw rhyddhaodd ddisg o'r enw *Le Chat du Monde* ym 1963. Yn Ffrangeg yr oedd ei recordio cyntaf; wedyn, a grym y mudiad yn tyfu, dechreuodd ganu yn Llydaweg.

Ar y pryd roedd canwyr Llydaw, yn ddynion ac yn ferched, yn canu mewn dull ffurfiol iawn, fel yng Nghymru, Iwerddon a'r Alban. Doedd y bandiau pibau a drymiau o'r enw *bagadoù*, yn cynnwys y *biniou* a'r *bombard* traddodiadol, ddim yn bod cyn 1895 pan aeth cwmni o weithwyr rheilffordd o Morlaix, ynghyd â chwmni arall o weithwyr tun ac arian Poullaouen, i ŵyl bibyddio yn yr Alban. Daethant â bagbibau'r Alban yn ôl i Lydaw a chychwyn traddodiad y *bagad*. Erbyn hyn mae mwy na 130 o *bagadoù* yn cystadlu'n rheolaidd yn Llydaw – byd o wahaniaeth rhwng heddiw a'r cyfnod yn union cyn rhyfel 1914–18 pan oedd traddodiad cerddoriaeth Llydaw bron â darfod o'r tir! Yn yr hen ddyddiau, wrth gwrs, priodasau oedd y canolbwynt lle'r oedd cerddoriaeth draddodiadol y *binioù* a'r *bombard* i'w chlywed. Roedd rhai o'r neithiorau hyn yn anferth – yn union cyn y Rhyfel Byd Cyntaf, roedd yn agos i ddwy fil o westeion mewn un briodas yng nghanolbarth Llydaw. Câi ffidlau eu canu yn Pont l'Abbé, clarinetau yn y gogledd, Roscoff a'r dwyrain a hefyd yn Huelgoat ger Poullaouen, tra ym mro Carhaix y *bombard* a'r *binioù* oedd yn teyrnasu.

Roedd yr eglwys Gatholig yn gwgu ar yr hen gerddoriaeth Lydewig, ac yn ystyried bod y gerddoriaeth yma'n ddieflig, a gwnaeth ei gorau glas i'w mygu. Dywedai ei bod yn 'baganaidd'. Wedi'r Ail Ryfel Byd roedd miliwn a hanner o Lydawyr yn byw ac yn gweithio ym Mharis. Roedd Alain Cochevelou yn bibydd yn Bagad Bleimor ym Mharis, ac wedi ennill ysgoloriaeth i Academi Bibyddio'r Alban yn Glasgow. Gwnaeth ei enw fel cerddor, tra bod ei dad yn gweithio yn y gwasanaeth sifil a hefyd yn saer telynau a wnaeth ei delyn gyntaf i Alan Stivell. Ar yr adeg hon, roedd Glenmor ar ei ben ei hun fel canwr Llydewig. Recordiodd Stivell ei record gyntaf ar label Morez Breizh gyda chantores, Nolwen, a gwnaeth recordiadau estynedig eraill hefyd. Wedyn, daeth yr awr fawr gyntaf, nid yn unig yng ngherddoriaeth fodern Llydaw ond mewn cerddoriaeth Geltaidd yn gyffredinol. Rhyddhawyd *Reflets* yn Ffrainc ym 1972 yn cynnwys Stivell ar y delyn Geltaidd ac yn canu. Wedyn yr un fawr, recordiad byw o Stivell, bellach gyda'r band trydan cyntaf, yn chwarae cerddoriaeth Geltaidd yn L'Olympia ym Mharis, hefyd yn 1972. Gwerthodd y record gannoedd o filoedd o gopïau a rhoi cerddoriaeth Lydewig yn ddigamsyniol ar y map, gan dynnu sylw'r byd at gerddoriaeth Geltaidd. Ym 1977 cafodd noson o lwyddiant mawr unwaith eto yn Nulyn, yng nghae pêl-droed Lansdowne Road ac fe'i codwyd ar ysgwyddau'r Gwyddelod gorfoleddus, ei gario allan o'r stadiwm a hanner milltir i lawr y ffordd. Roedd cerddoriaeth Geltaidd ar frig y don.

Aelodau band trydan buddugoliaethus Stivell oedd Gabriel Yacoub ar y gitâr, René Verneer ar y ffidil, Michel Santangelli ar y drymiau, Stivell ar y delyn drydan, Dan Ar Braz yn canu'r gitâr a Gakky Thomas ar y gitâr bas.

Cafodd cantorion eraill, megis Gilles Servat a Gweltaz Ar Fur, gytundebau recordio pwysig gyda Fontana (Phillips) ac Electra. Wedyn daeth fflyd o fandiau Llydewig oedd i'w clywed mewn *fest-noz* ar hyd a lled Llydaw – Diaouled ar Menez, Ar Sonerion Du ac Ar Satanazet. Chwaraeodd rhai o'r cerddorion gorau erioed gyda'r Satanazet: Michel Mouazon ar y ffidil a'r mandolin, Patric Mollard a ddaeth yn ddiweddarach yn bencampwr bagbibau'r byd, Jakez Guyot ar y gitâr a Dominic Mollard, brawd Patric.

Rhoesai Servat gerddi Llydaweg ar gân a daeth y rhain yn boblogaidd iawn. Ro'n i'n nabod Servat, canwr a gitarydd mawr ei barch. Wedyn daeth Youenn Gwernig, bardd o Lydawr dwi wedi sôn amdano yn barod oedd yn byw yn Efrog Newydd, ac yn ffrind i Jack Kerouac oedd o dras Llydewig; Alan Ginsberg hefyd, oedd yn nabod y brodyr Clancy draw yn Efrog Newydd. Roedd heddlu Ffrainc yn chwilio am Youenn ac yn ei ddal yn gyfrifol am losgi un o swyddfeydd heddlu Ffrainc. Dihangodd, ac ymgartrefu yn Brooklyn am ddeuddeng mlynedd. Roedd Youenn yn un o genedlaetholwyr cynnar Llydaw; aeth yn ei ôl i Lydaw ym 1972 a ffurfio grŵp canu gwerin gyda'i ferched Gwenola ac Anaig, a'i wraig Suzic a oedd yn gantores draddodiadol o Huelgoat.

Pan es i Lydaw gyntaf gyda Gwenllian yn y 70au ro'n ni'n nabod y bobol yma i gyd a pherfformiais gyda'r rhan fwyaf ohonyn nhw mewn gwyliau trwy Lydaw ben bwy'i gilydd. Pobol ffein, fu'n gymorth mawr i mi ac fel dwi wedi dweud eisoes roedd eu croeso nhw'n aruthrol. Yn y dyddiau cynnar hynny, tua 1975, doedd fawr ddim cerddorion o Brydain nac Iwerddon yn Llydaw. Yr unig ganwr o Iwerddon gyfarfûm i oedd y canwr a'r gitarydd Mick Hanley. Wedyn dyna'r aml-offerynnwr Trevor Crozier a'i wraig Annie. Hyd y gwn i, mae Trevor wedi recordio gyda dau fand, Broken Consort a Lyoness. Bu farw Trevor yn ddiweddarach mewn damwain moto-beic yn Malawi – smyglo mariwana, dwi'n amau dim! Yn nes ymlaen daeth Paddy Keenan, y pibydd mawr o Wyddel, a Sean Corcoran a Desi Wilkinson – dyna i chi glust tost! Roedd Desi yn athrylith ar yr acordion. Roedd Paul Brady yno hefyd, a Tony McMahon y canwr acordion. Roedd Triona Ni Dhomhnaill yno hefyd, wedyn un o The Bothy Band. Cychwynnodd gŵyl Lorient ym 1972; fe ges i wahoddiad ond ro'n i'n methu mynd. Ym 1974 cynhaliwyd gŵyl enfawr yn y Château, castell anferth yng nghanol Nantes. Cyflwynodd Per Denez, un o feirdd huotlaf Llydaw, lu o gerddorion Celtaidd gan gynnwys Ac Eraill o Gymru.

Ar yr adeg hon, roedd sîn cerddoriaeth Cymru'n helaeth iawn, a grwpiau da'n chwarae ar hyd y lle ym mhob man, ond roedd y gerddoriaeth gyfoes Gymreig yn llawer mwy modern ac yn dilyn America. Roedd bandiau fel Geraint Jarman a'r Cynganeddwyr yn recordio albymau penigamp, hefyd anturiaethau cerddorol Endaf Emlyn gyda Jîp. Canai Caryl Parry Jones mewn dull cwbwl fodern. Erbyn hynny roedd mwy na digon o gerddoriaeth i BBC Radio Cymru ei chwarae o fore gwyn tan nos, a llawer o sioeau teledu newydd hefyd oedd yn rhoi lle amlwg i gerddoriaeth gyfoes yng Nghymru. Cyfnod gwych o ddyfeisgarwch a thwf yn y cyfryngau yng Nghymru. Ro'n i ar ben fy nigon; dyma beth ro'n i wedi breuddwydio amdano ers blynyddoedd maith!

PENNOD 9

Nôl i Walia – Hydref '74

CYN HIR ROEDD HI'N hydref, haul braf o hyd a minnau'n bwrw nyddiau gan mwyaf yn fflat bach bohemaidd Gwendal Denez, yn sgrifennu caneuon neu'n diogi yn y caffis ar Rue St Michel. Ro'n ni'n dal i fynd i Ty Minouche lle caem ni ddiodydd am ddim am y caneuon ro'n i'n eu chwarae.

Roedd de Bélizal wedi colli diddordeb, yn gwneud arian fel y mwg yn ei siop Disc 2000 lle'r oedd yn gwerthu recordiau wedi'u mewnforio'n anghyfreithlon (gan osgoi talu toll mewnforio). Roedd hi'n fain arnon ni, y tymor gwyliau ar ben, a phawb yn eu holau yn y gwaith, gan gynnwys ein ffrindiau Jakez Guyot a Chantal Pinault. Cyn hir byddai'r brifysgol yn Rennes yn agor ar gyfer tymor yr hydref a byddai ar Gwendal a'i frawd angen eu gwlâu eto. Allen ni chwilio am lety arall neu fynd i Gymru'n ôl – ble arall?

Roedd yr Americanwyr yn llygad eu lle'n galw'r adeg hon o'r flwyddyn yn 'Fall'. Dyna'n union sut deimlad oedd 'da fi, y gwynt wedi mynd o fy hwyliau i – wedi sbyddu gormod o egni yn yr haf, mwy na thebyg! Ac roedd rhyw ddrwg yn y caws o ran arian dyledus i mi am sawl perfformiad yn ystod yr haf. Welais i ddim datrys y sefyllfa a welais i erioed mo'r arian chwaith. Hawdd gweld lle'r oedd yr arian wedi mynd: mae twyll felly'n rhemp ym myd cerddoriaeth ac weithiau mae yna gau llygad. Mae gan rai pobol y syniad nad gwaith go iawn mo cerddoriaeth felly does dim angen talu cerddorion. Bûm i'n eitha craff ac yn fwy ffodus na'r rhan fwyaf o artistiaid dwi'n eu hadnabod!

"I ffwrdd â ni te!" Cymru neu drengi, doedd dim byd i'w golli'r naill ffordd na'r llall, a chyn hir dyma ni'n ei chychwyn hi am borthladd Roscoff unwaith eto, diwrnod heulog braf, yn ffres ac yn gynnes.

Ar ôl taith hir, ac Anaig Gwernig wrth y llyw, gyrhaeddon ni Morlaix, wedi canu'n iach i de Bélizal yn grand o'i go yn ei ffigiarîs hipi, ac yn difaru na fyddai wedi elwa mwy o'm hachos i! Ond bellach dyma ni ar lannau afon lydan a lifai trwy geunant dwfn, a thref Morlaix yn gwegian yn ei holl ogoniant canoloesol ar y bryniau o'n cwmpas, a'r afon ara'i llif yn saith gwaith lletach nag afon Solfach, yn ymdroelli tua'r môr, filltiroedd lawer i'r gogledd. Roedd dwsinau o gychod hwylio fel elyrch gwynion yn hwntio ac yn jibio yn heulwen yr hwyr. Wedyn, dyma'n gadael ni heb ddim lol gyda'n paciau pitw ar fin ffordd brysur i'r gorllewin o'r dref. Bodio amdani eto, yn ôl yn y dechrau, a llai o arian yn ein pocedi na phan gyrhaeddon ni a minnau'n dal heb ddod yn arch-seren fyth! "Diolch i Dduw am gael ei gwared hi," meddai Gwenllian wrth i'r bladres ddiflannu i'r gwyll! Mae Gwenllian yn gallu bod yn ddigyffro ac yn oddefgar i'w ryfeddu, hyd yn oed ar awr wan. Do'n i'n malio'r un dam y naill ffordd na'r llall – dacw fi ar daith unwaith eto a dyna'i diwedd hi. Mae'r byd yn lle mawr, llawn her a chyfleoedd!

Hwyliai'r cychod heibio. Felly hefyd y faniau, y ceir a'r lorris. Fu bodio yn Ffrainc erioed yn hawdd. O na ddeuai un o lorris braf Mansel Davies heibio, yr holl ffordd o Lanfyrnach – byddai cael pàs yr holl ffordd i

Sir Benfro gyda gyrrwr o Gymro glân gloyw yn fendith. Ond fydd lorris Mansel Davies byth yn codi bodwyr, dim hyd yn oed bodwyr o Gymry, dim hyd yn oed perthnasau. Pàs at y drws? Dim ffiars o beryg! Hydoedd yn ddiweddarach, cyrhaeddon ni Roscoff, a dwsinau o lorris wedi mwstro mewn cymylau o lwch yn y Sahara o faes parcio fel *wildebeest* mewn dyfrle yn y Masai Mara! Rywle yn yr anialwch Affricanaidd allwn i daeru bod yna ambell i eliffant ar ddisberod hefyd, Tusker Transport, Bechuanaland.

Ro'n ni wedi cael ar ddeall, o gael hyd i yrrwr cymwynasgar, bod modd croesi i Plymouth am ddim. Roedd gan bob gyrrwr docyn am ddim a thocynnau bwyd a diod ar gyfer gyrrwr wrth gefn. A gwir y gair. Rhoddodd Gwenllian ei swyn digamsyniol ar waith ar un o'r dynion lorris, hen foi iawn o Newcastle, aeth â ni i'w lorri a rhoi'r tocynnau hynny i ni. I ffwrdd â ni! Dyna lwc! At y bar, allan â'r gitâr a chanu eto hyd at gwsg – hwiangerddi mwyn meddw'r môr a mordaith dawel i Plymouth.

Bob tro y bydda i'n glanio yn Plymouth mae hi'n bwrw glaw! Dyna fel oedd hi'r tro cyntaf hwnnw. Rywsut roedd yn creu'r teimlad ar gyfer gweddill ein teithiau. Anghofia i fyth yr olwg lom ar y cawdel hwnnw o dref, yn furddun wedi'r bomio, yn llym, yn llwyd ac yn wlyb fel y morwyr meddw sy'n gwegian trwy lanast aflafar ei thafarnau, ei barics a'i phuteindai! Dim ond tref borthladd arall, dim lle i gwyno, thalai hynny ddim, mae porthladdoedd i gyd 'run peth, trwy'r byd yn grwn. Ond wedi dweud hynny mae eithriad i'r rheol, wedi ei ddiffinio gan y tir a'r tywydd – ddarllenydd mwyn, gewch chi wybod gen i maes o law.

Roedd gyrrwr arall wedi cytuno i fynd â ni i Fryste,

ac felly y bu hi. Rhoddodd Gwenllian a fi ein pennau ynghyd a phenderfynu mynd yn syth i Solfach y ffordd rataf, a chael aros gyda Mam, Bet, yn 10 Bro Dawel. Felly hwylion ni heibio i Gaerdydd a chyrraedd Solfach ar y fawd eto, yr union noson honno.

Ar y pryd roedd Mam yn byw mewn tŷ cyngor, 'run peth â'r rhan fwyaf o'r gwir frodorion. Roedd gan y tŷ hwn ardd hir â'i chefn at goedwig hen iawn o'r enw Llanunwas, yn goed colldail uchel, ffawydd, llwyfain ac yn y blaen. Mae'r coed yma'n gartref i nythfa anferth o frain, yn uchel iawn ac yn swnllyd. Dim angen clociau larwm yma: mae'r crawcian a'r crewcian ar fynd o fore gwyn tan nos, yn enwedig yn y tymor paru. Nawr ac yn y man byddai saethwyr brain Solfach yn saethu'r cywion. Roedd hyn yn dipyn o draddodiad yn y plwy. Saethu'r adar â drylliau pelets 12 bôr, eu pluo, eu trin, wedyn eu pobi mewn pasteiod. Ydi hynny'n swnio'n rhyfedd? A minnau ar ochor yr Indiaid do'n i ddim yn cyd-fynd â'r digwyddiad hwn a ches i erioed fy ngwadd i ginio'r saethwyr brain chwaith, yn y Cambrian Hotel, lle'r oedd y pasteiod yn cael eu bwyta'n ddefodol a galwyni o gwrw, gwin a brandi i'w canlyn! Fel mae'n digwydd, rydw i'n hoffi brain. Ar un adeg roedd gen i frân ddof o'r enw Percy. Yn Rose Cottage roedd hynny; fe fyddai'n hedfan trwy ffenest fy llofft i bob dydd. Mae brain yn beniog iawn ac yn rhai o'r ehedwyr mwyaf acrobatig welwch chi.

Roedd Bet yn gweithio yn ffatri wlân Auntie Det yn Felinganol, filltir i fyny dyffryn Solfach. Dim ond fy mrawd Adrian oedd yn byw gyda hi ar y pryd ac roedd hi'n eitha main arni hi'r dyddiau hynny, ond roedd hi'n falch o fynd allan dros y Sul i ganu'r piano yn y barrau lleol ac yn lle bwyta'r Pennaeth yn HMS Goldcrest, gorsaf leol y Llynges. Roedd Bet yn gerddor lleol poblogaidd iawn a *répertoire* anferth o ganeuon 'da hi, gan gynnwys hen jazz, hoelion wyth, caneuon pop, emynau ac ariâu! Hi fyddai'n cyfeilio i'r morio canu a fyddai'n cychwyn yn ffwr-bwt yn y rhan fwyaf o'r tafarnau yn Solfach a Thyddewi. Doedd gan Gwenllian a fi ddim dimai goch y delyn, felly byddwn yn cael benthyg bad bach fy mêt Alan Jenkins ac yn pysgota am fecryll a morleisiaid. Byddem yn dal ambell i ddraenog y môr, yn hel cregyn gleision, cocos a gwichiaid o gwmpas y porthladd. Chewch chi ddim byd tebyg i botaid o gregyn gleision wedi'u coginio mewn seidr a phersli a winwns wedi'u malu'n fân – ond peidiwch ag anghofio'r cra (garlleg gwyllt)!

Maes o law, yn ôl i Gaerdydd â ni. Roedd gofyn i mi gael gwaith, felly hen glwb y BBC ar Heol Casnewydd amdani. Dacw nhw i gyd wrth y bar fel tasen nhw heb symud o'r fan, yn chwerthin, yn tynnu coes ac wrth gwrs yn yfed gormod. Hyfryd o beth oedd eu gweld nhw eto, Merêd, Rhydderch, Gwenlyn, Ruth, Bennie Litchfield, Glen Forrester, Ryan a Ronnie, Charles Williams, Alun Williams, Geoff Iverson a Gareth Wyn-Jones – o, a'r lleill i gyd! Sdim iws i mi anghofio fy hen fêt o Solfach, Huw Tomos y Camera – bellach dan yr enw Yachty – un o'r ychydig sy'n dal yn fyw. Dyna i chi glwb oedd hwnnw, parti yn dilyn parti, jazz ar brynhawniau Sul, clwb gwerin Frank Hennessy lan lofft ar nos Fercher, ac wrth gwrs Cardiff Language Society John Tyler: dynion y teis cregyn gleision gwyrdd a merched y nicers cregyn gleision gwyrdd!!!

Yn ystod y dathliadau, i mewn â Des y Rhent a chynnig ystafell fyw a chysgu i ni ar Heol Conway, yn union gyferbyn â'r dafarn ym Mhontcanna, i'r dim i fynd i stiwdios y BBC a HTV. Ro'n ni heb gragen i ymgrafu ond roedd gen i albwm yn fy mhen ro'n i wedi'i sgrifennu ar y ffordd yn Llydaw. Y caneuon hyn oedd fy ail record hir, *Gog*, a gâi ei recordio maes o law yn stiwdios Sain yn Llanrug. Roedd y record yma'n gam mawr ymlaen i mi fel cyfansoddwr caneuon; cafodd groeso brwd, gwerthodd yn dda a ges i lawer o waith ar ei chorn.

Roedd gofyn i mi ymfudo i ogledd Cymru i recordio *Gog*. Felly aethon ni i aros yn nhŷ un o ffrindiau Gwenllian yn Ffordd Garth Uchaf ym Mangor. Yn ddiweddarach gymeron ni fwthyn ar rent ym Methesda, ddim ymhell ar hyd yr A5. Yn Stryd Lockup oedd hwnnw, ar lannau afon Ogwen. Rydw i'n cofio bodio a cherdded nes oedd bodiau fy nhraed i'n bytiau tra o'n i'n recordio *Gog*. Beudy wedi'i ailwampio oedd y stiwdio, ar ffarm wedi'i hailwampio o'r enw Gwern Afalau yn Llandwrog, ger Caernarfon. Hefin Elis a Bryn Jones recordiodd fi ar beiriant wyth trac a ges i o hyd i ganwr gitâr bas a drymiwr un noson yng Nghlwb Criced Bethesda. Ro'n nhw mewn band pop o'r enw The League of Gentlemen.

Recordiwyd *Gog* o fewn pum niwrnod. Ar y deuddydd cyntaf recordiwyd y traciau sylfaenol a minnau'n canu ac yn canu'r gitâr acwstig, a'r canwr gitâr bas a'r drymiwr – Andy a Ronnie oedd eu henwau nhw. Wedyn es i ymlaen ar fy mhen fy hun i ychwanegu mwy o'r gitâr, trydan ac acwstig, weithiau'n dwbl-tracio'r llais, hefyd yn canu'r dwsmel a'r drymiau ar un trac. Canodd Hefin syntheseisydd Mini Moog ar *Douarnenez*. A dyna ni – yn sylfaenol iawn, yn syml ac yn rhad! Doedd gan Sain fawr wrth gefn y dyddiau hynny. Doedd yna fawr o arian yn y sîn recordio Cymru beth bynnag!

Mae pobol Bethesda'n gyfeillgar iawn. Y dyddiau hynny

roedd Côr Penrhyn yn fwy poblogaidd na Pavarotti. Bob Sadwrn Gwesty'r Victoria oedd y lle i fod, côr yn y lolfa ar yr ochor dde i'r drws ffrynt, ac ar y chwith yn y bar côr mwy a mwy meddw a fel arfer byddai yno bedwarawd siop barbwr ym mhishtwn y dynion! Ffantastig. Doedd dim roc a rôl ym Methesda'r adeg honno – roedd Maffia Mr Huws, Celt a John Doyle i gyd mewn trywsusau bach ond roedd y chwilen gerddoriaeth wedi brathu!

Nosau Sul yn y clwb criced gyda Clary Taylor a'i dad oedd yr unig le gallech chi gael diod bryd hynny. Dawnsio drwy'r nos i gyfeiliant Dino and the Wildfires o Borthmadog a bandiau lleol eraill. A'r cwbwl glywech chi yn y bwthyn bach hwnnw oedd sŵn bwrlwm afon Ogwen, mam Dyffryn Ogwen, a sŵn pŵl ffrwydradau yn uchel i fyny yn chwarel Penrhyn, wedyn sŵn cwymp llechi yn y pellter yn diasbedain ac yn atseinio'n ôl yn awyr iach oer, clir y mynydd o gwmpas y Carneddi.

Roedd Llydaw yn dal i fod yn fyw yn fy nghof a dyma daith arall ddramatig ac anhygoel o hardd. Byddai rhythm y chwarel, afon Ogwen a rhuthr a rhuo lorris cymalog anferth ar yr hen A5 brysur yn ysgwyd yr adeiladau ar y stryd fawr hyd at eu sylfeini. A bysys Purple Motors – ble arall dan haul gewch chi fysys piws, meddech chi? Nepal neu Affganistan efallai? Pobol Bagwan Orange chwil i fyny'r allt yn Rachub yn eu gwisgoedd piws a melyngoch yn fwclis ac yn amwledau gymaint a welech chi, a thalismanau, pibau clai, smôcs mwg drwg, bongiau, drymiau a ffiolau cardod, dechrau rhywbeth a diwedd rhywbeth arall!

A dyna i chi'r llanc Les Morrisson, newydd ddod allan o'r ysgol plant drwg am ryw fân gamwedd (does gan y barnwr ddim piti dros fois Pesda!). Roedd wedi cyfarfod â Mary Bell yno, y llofrudd dau blentyn, ac yn dweud ei bod hi'n hen hogan iawn! Les a'i laslances hardd, Jenny, yn byw tali mewn bwthyn wedi hanner mynd â'i ben iddo yn Gerlan, y gwynt yn chwibanu trwy'r tyllau yn y to, ond yn llawn cariad, hapusrwydd a ffydd. Anfarwol! Tex a Dennis Slash, Gordon y peiriannydd a Jim Spread y plastrwr, Joe Hat y gwirionyn doeth ar y bryn wnaeth gitâr unwaith o fin lludw. Ac wedyn dyna i chi westy'r Douglas lle nad oedd neb byth yn aros yn ôl pob golwg, clobyn o adeilad Sioraidd anferth â'i gefn at yr afon. Yma'r oedd un o'r ychydig fyrddau snwcer o lawn faint yn yr ardal. Roedd y perchnogion yn Dorïaid rhonc hyd at fêr eu hesgyrn, yn methu'n glir â derbyn newid Harold Wilson yng ngwerth arian Prydain pan blymiodd y bunt o ddau gan ceiniog a deugain i gan ceiniog bitw. Mae'r Douglas yn dal i lynu'n ddiysgog i'r hen l.s.d. a hyd yn oed y peiriant ffrwythau a'r bwrdd snwcer yn derbyn dim ond hen bres! Ac ar yr un pryd roedd y "Pennau" yn Braichmelyn ar draws y ffordd yn ei dal hi'n rhacs ar y stwff cemegol ac yn smocio gwellt a hashish. Jim Perrin y dringwr creigiau enwog yn teipio'i fysedd yn bytiau mewn carafán wrth sgrifennu'i erthyglau papur newydd a'i lyfrau cyntaf. Yr un tiwtor oedd gennym ni'n dau ym Mhrifysgol Bangor, Anthony Conran – yntau'n un o selogion mawr canu gwerin. Morys ddawnswyr yn eu siacedi brith carpiog yn canu'r acordion a'r ffidil ac yn canu ac yn dawnsio nerth esgyrn eu pennau a'u traed y tu allan i'r tafarnau lleol. Sesiynau yn y King's Arms, Bangor, a Jerry ar y dwsmel taro ac Ian Strachan ar y bwswci; sesiynau trwy'r nos yn ei fwthyn rownd y gornel gydag Anthony Griffiths, athrylith o blyciwr gitâr o Aberystwyth a adawodd ei gitâr Gibson Southern Jumbo yn y maes parcio un noson chwil a gweld mono byth wedyn. Roedd wedi prynu'r gitâr hwn gan filwr Americanaidd pan oedd yn canu ar ben stryd yng ngwlad

Belg. 'Run peth â fy Takamine NIO innau a gafodd ei daflu dros ben clawdd yn Llanrug gan fy nghymhares gynddeiriog i un Nos Galan. O leiaf dalodd hi i mi am fy ngholled, roddodd hi dri phlentyn hyfryd i mi hefyd – Elfed, Megan a Brynach.

Penderfynodd Gwenllian ddilyn cwrs hyfforddi athrawon, a'r ysgol gyntaf fyddai Ysgol y Moelwyn ym Mlaenau Ffestiniog. Bu'n rhaid i ni fudo eto, felly gymeron ni hen dŷ fferm ar rent yn Nolwyddelan. Roedd Fferm y Bwlch ar lethrau isaf Moel Siabod, un o'r copaon mwyaf mawreddog yn Eryri. Mae'r llethrau isaf yn drwch o binwydd wedi i'r Comisiwn Coedwigaeth eu plannu ac mae yna olygfa gampus o Foel Siabod o'r Bont Rufeinig ar y ffordd i Flaenau Ffestiniog.

Pentre bychan bach ydi Dolwyddelan, yn un stribed ar hyd ffordd gul sy'n dilyn llwybr afon Lledr lle mae yna beth o'r pysgota eog gorau gewch chi. Does 'na fawr ddim yno – hen hen eglwys, ei mynwent yn llawn cerrig llechi ar osgo; un dafarn, Y Gwydr; gorsaf betrol a chastell, dim ond tŵr cerrig plaen, cadarnle tywysogion Cymru gynt, yr un peth â'r un dros y mynydd yn Llanberis.

Mae Fferm Bwlch, tŷ fferm nodweddiadol o'r unfed a'r ail ganrif ar bymtheg, yn cwato yng nghesail y mynydd ar ben lôn drol hir garegog iawn i fyny'r allt. Ro'n i'n hoffi naws y lle'n syth ac roedd yr olygfa'n drawiadol. Yma, heb gar, ro'n ni'n ddiarffordd a minnau'n cael blas ar fod yn y pellafoedd eto, mewn hedd a llonyddwch. Benthycais wn slygs gan fachgen lleol, Will Morris, oedd yn ddeunaw oed ac yn hen law ar hela a photsio eog. Ro'n i wedi meddwl saethu ambell i gwningen ond ches i erioed yr un er bod yna gannoedd ohonyn nhw ar hyd y lle. Dyma fi eto'n fyr 'y ngolwg. Bydden ni'n mynd yno am dro'n aml ac ar y trên i Flaenau Ffestiniog i hel tafarnau.

Twll o le oedd gwesty'r Manod, is-swyddog o'r Llynges
Frenhinol yn ei redeg ac yn ôl trefn pethau roedd yna
ysgol gardiau yno bob prynhawn lle byddwn i'n chwarae
bràg tri cherdyn gyda gŵr y tŷ a chriw o weithwyr o
Iwerddon, tra oedd gwraig y tŷ, un o Malta, yn twt-twtian
yn guchiog. Ambell waith byddwn i'n colli'r trên olaf ac
wedyn yn gorfod cerdded tua thre dros y Crimea oedd yn
ddigon oer i rewi llyffantod, yn beryg bywyd gefn gaeaf ond
byddwn yn dod i'r lan ar wegiad cyson. Tref wedi mynd ar
ei gwaeth ydi Blaenau Ffestiniog, fawr ddim yn digwydd
yno ers i'r chwareli llechi ddarfod o'r tir a rhai miloedd o
ddynion yn gorfod hel eu pac neu farw ar y clwt. Yn ystod
yr Ail Ryfel Byd roedd tlysau Coron Lloegr a'r rhan fwyaf
o drysorau celfyddyd orielau ac amgueddfeydd Llundain
yn cael eu cadw mewn ceudwll llechi wedi'i ailwampio'n
arbennig. Mae Blaenau yng nghysgod cadwyni Moelwyn
i'r dwyrain ac Eryri i'r gogledd a'r gorllewin a dyna'r lle
sy'n cael y mwyaf o law yn Ynysoedd Prydain! Bellach,
ychydig sy'n tarfu ar yr heddwch heblaw ambell i sgarmes
feddw ar nos Sadwrn neu luwchwynt nawr ac yn y man
sy'n cau bwlch y Crimea ac yn rhoi stop ar y traffig am
ddiwrnod neu ddau. Mae hwn yn lle gerwin i bobol fyw,
gweithio a magu'u teuluoedd. Mae pobol Blaenau'n hanu
o draddodiad hir o gloddwyr llechi, dynion a merched
gwydn eu tras.

"Y garreg grandia o'i cho yng Nghymru" fydda i'n
galw'r gofgolofn ryfel wrth droed y Crimea ym Mlaenau a
does mo'i thebyg, ar wahân i'r un yng nghanol Bethesda.
Mae enwau dirifedi wedi'u naddu ar y clytiau llechen
hyn: enwau chwarelwyr ifainc oedd yn wynebu peryg bob
dydd yn ogofeydd llechi dan ddaear Blaenau Ffestiniog
neu ar bonciau uchel chwarel enfawr y Penrhyn ym
Methesda, dim ond i gael eu lladd ym mwd y Somme,
meysydd Fflandrys, Dunkerque, Malaia, Byrma, De

Canu mewn gŵyl yn Llydaw, haf 1974

Yn Chateau de Monbousquet, Bordeaux efo'r gwin gorau yn y byd

Padarn Roc, Llanberis, yn y saithdegau

Gwennlian a harbwr Solfach yn y saithdegau

Gary Farr

Tu allan i'r Conway

Erwan Kervela gyda ffrindiau, Conway Road yn niwedd y saithdegau

Yn y fflat yn Conway Road

Yn fflat Conway Road

Gyda rhai o blant Conway Road

Heather yn stiwdio Stacy Road yn recordio *Caneuon Cynnar*

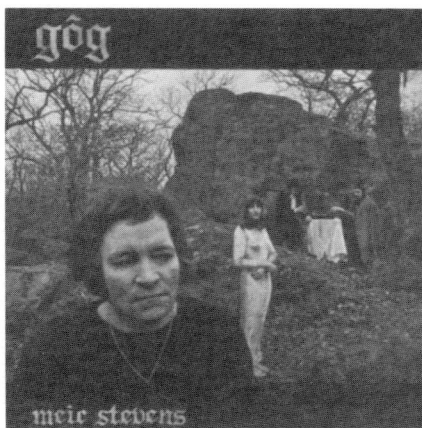

Tynnwyd y llun ar rhyw ddydd Sul yn Parc Penrhyn, Bethesda. Gwenllian yw'r ferch yn y canol

Alan Stivell – brenin chwyldro cerddoriaeth Geltaidd

Yn stiwdio Stacy Road, yn gwrando ar un o'r traciau

Recordio gyda Richard Dun, stiwdio Stacy Road, Caerdydd

Dydd Gŵyl Dewi
yn y saithdegau

Lyn Phillips a'i Lurchers

Gyda'r hen Gibson 'Roy Smeck' o'r 1920au. Honno wnaeth danio ar *Nos du, Nos da*

Yn yr Eisteddfod yn hysbysebu byd di-alcohol!

Gwobrwyon Sgrech. Canwr y Flwyddyn am bedair blynedd o'r bron

Beryl Mawr

Dau o recordiau'r cyfnod

Gyda 'Dewi Pws' ar faes yr Eisteddfod

Affrica, yr Eidal neu ar draethau Normandy, heb sôn am yn yr awyr ac yn nannedd y gwynt ar gefnforoedd ein byd cythryblus.

Pennod 10

Nôl i'r Coleg

Roedd Gwenllian yn gweithio nerth deng ewin ar ei hyfforddiant athro yn Ysgol y Moelwyn a minnau'n clertian yn Bwlch yn canu'r gitâr, sgrifennu caneuon, mynd am dro a chael joch yn y Gwydr ambell waith. Ro'n i wedi ailgydio mewn chwarae gìgs, mewn tafarnau a barrau gan amlaf, ar fy mhen fy hun gyda ngitâr acwstig, ambell waith roedd yna system sain fach. Roedd mynd mawr ar yr albwm *Gog* ac ro'n i'n falch mod i wedi mynd â'r maen i'r wal ar gyllideb geiniog a dimai. Cyllideb. Y dyddiau hyn mae rhyw goc oen didoreth, sy'n meddwl ei fod yn gallu sgrifennu caneuon, yn gallu ennill £10,000 am berfformiad di-ddrwg di-dda ar *Cân i Gymru*. Mae'r bobol sy'n rhedeg y tŷ siang-di-fang yna – tŷ cadi ffans yw e, tybed? – wedi gwrthod cynifer o nghaneuon i. Fel'na mae hi. Allwn i gynhyrchu albwm cyfan o fy methiannau *Cân i Gymru*. A dweud y gwir, dydw i erioed wedi'i hennill hi. Mae hyd yn oed rhai o nghaneuon enwocaf i, fel 'Môr o Gariad', 'Shwmae Shwmae', 'Daeth Neb yn Ôl', 'Nos Du Nos Da', 'Rhosyn yr Anialwch', 'Rhosys Gwyllt y Tân' i enwi ond dyrnaid, heb ddod i ben â hi. Peidiwch â nghamddeall i, fe fuodd rhai caneuon da yn y gystadleuaeth, ond erbyn hyn y cribinwyr arian sy'n ben ar yr holl sioe. Rydw i'n cofio unwaith iddyn nhw dderbyn un o nghaneuon i, ond roedd y syniad ohona i'n cynrychioli Cymru yng nghystadleuaeth ganu Celtavision yn dân ar groen y grymoedd mawrion, a dyna'i diwedd hi. Dro arall, roedd rhaid tynnu cân o'r enw 'Troi y Cylchau' yn ôl am fod cyfansoddwr caneuon anhysbys di-Gymraeg wedi cwyno mod i wedi copïo un o'i ganeuon! Do'n i ddim hyd yn oed yn nabod y brawd!

Mae 'na bethau rhyfedd ar droed yn *Cân i Gymru*. A does a wnelo gwneud cerddoriaeth dda ddim â'r peth. Gwneud arian drwg sy'n mynd â hi! Ond mae hyn yn wir yn gyffredinol am ddarlledu Cymraeg: mae pob yn ail Dwm, Dic neu Fagi sy'n cael gradd yn y Gymraeg yn meddwl eu bod nhw'n gallu gwneud rhaglen deledu, a myn diawl dyna beth maen nhw'n ei wneud, sy'n rhoi'r farwol i gynulleidfaoedd S4C. Prin, o gwbwl, y bydda i'n gwylio'r sianel honno erbyn hyn – mae'r rhaglenni'n ddifflach â dweud y lleiaf. Mae pobol yng Nghymru a allai wella safon y darlledu, ond mae'r cribinwyr arian yn eu cadw nhw draw, er mawr golled i ddiwylliant Cymraeg!

Yn ôl at realiti. Ro'n i'n dechrau teimlo'n euog am fod Gwenllian yn gorfod codi'n fore bob dydd a mynd i'r ysgol – teimlo y dylwn i fod yn tynnu mhwysau. Ysbryd y crwydryn sydd wedi bod 'da fi erioed ond, gyda help llaw hen ffrindiau oedd yn becso amdana i a Gwenllian, ges i mherswadio i fynd yn f'ôl i addysg lawn amser! Ro'n i'n un ar bymtheg ar hugain ar y pryd ac yn ddirfodwr, yn rhy hoff o lawer o'r Grand Vin a phleserau Epicuraidd eraill! Felly dyma wneud cais i dair prifysgol yng Nghymru – Caerdydd, Aberystwyth a Bangor – fel myfyriwr hŷn. Ges i gynnig gan Brifysgol Bangor a gwnes i dderbyn wrth gwrs. Hwrê, bydd fy mywyd i'n newid ond nid ar grant y llywodraeth yn unig y bydd dyn fyw! Tlodi felltith, dyna i chi siom, fel bod heb ocsigen neu ddŵr neu fwyd. Mae dyn yn marw o dipyn i beth yn ei dagfa druenus, a'i ddirywio llwm. Nid rhywbeth i bobol greadigol yw tlodi, does dim byd da yn ei gylch.

Rywsut neu'i gilydd mae myfyrwyr yn straffaglu gyda'i gilydd, yn dod i ben â threfnu tipyn o fywyd cymdeithasol a rhywfaint o hwyl tra maen nhw'n astudio – ac maen nhw'n feistri ar wneud hynny. I'r rhan fwyaf ohonyn nhw dyma'r tro cyntaf iddyn nhw fod oddi cartref, rhyw fath o annibyniaeth, gweithio fel lladd nadroedd a chwarae fel lladd nadroedd hefyd, cael hwyl fawr ar y cyd – hyn i gyd a mwy yn y cymylau arferol o falu cachu academaidd. Fel hyn y mae'r rhan fwyaf o fyfyrwyr ar eu blwyddyn gyntaf a'u hail yn byw, gormod o bartïon, slochio, cyffurio a chnycho ar hyd y ffordd, nes iddyn nhw raddio ymhen hir a'r hwyr ac mae'r parti'n chwythu'i blwc! Bydded i'r duwiau eu gwarchod, yn enwedig Bacchws a Phalas Athene!

Es i Fangor un diwrnod – mae'n wahanol erbyn hyn – a rhyfedd oedd bod ymhlith y rhieni balch ac weithiau pryderus yr olwg, eu cryts eiddgar yn tynnu ar eu tennyn ar dân i brancio yn y caeau Ambrosia. Ond nid y fi. Byseddais fenyw ddieithr a rhoddodd hi glusten i mi a dweud y byddai'n fy nghyfarfod yn y Castle Hotel ar ôl cael gwared ar ei gŵr! Roedd hyn yn wir, meddwn i yn fy mhen – gwir 'i wala! Nid un ddieithr moni damaid ond hen gariad flynyddoedd yn ôl. Os cofiaf yn iawn, ro'n ni'n bur chwil erbyn i ni ill dau fynd ein ffordd ein hunain.

Wna i ddim treiddio'n rhy ddwfn i'r profiad ym Mhrifysgol Bangor. Roedd hi'n ddigon diflas mynd i ddarlithoedd bedair gwaith y dydd a minnau'n un ar bymtheg ar hugain. Hefyd, ro'n i wedi dewis y pwnc atodol anghywir, Hanes Cymru. Ychydig o'r darlithoedd es i iddyn nhw – ro'n nhw'n amherthnasol. O'r diwedd aeth Gwenllian trwy'i harholiadau a'i hasesiad hyfforddi athrawon a chael swydd yn yr ysgol uwchradd yn Harlech. Lle annisgrifiadwy yw Harlech ond fe rof i gynnig arni! Byddai'n well gen i beintio Harlech na cheisio disgrifio'r lle mewn geiriau; mae'n heigio o olygfeydd, a dweud y lleiaf! Pheintiais i ddim tirluniau yno; does gen i ddim cof hyd yn oed o dynnu llun. Nid diogi fel y gallech chi'i ddisgwyl, dim ond rhyw gystudd negyddol rhyfedd a niwlen oer o anwybodaeth fel petai'n fy amgylchynu ac yn anodd iawn dianc ohoni. Byddai'n fy nilyn i oddi yno ar y trên ac yn y diwedd yn dechrau chwalu fel ro'n i'n tynnu at Borthmadog! Gwenllian oedd y peth mawr yn fy mywyd i ar y pryd, ac ro'n i'n ei chael hi'n anodd bod ar wahân iddi. Y gobaith oedd y byddai ansawdd ein bywydau ni'n gwella ac y bydden ni'n well ein byd. Ychydig o bobol dwi wedi'u cyfarfod oedd mor agored ac onest gyda'i gilydd ag yr o'n ni. Mae cariad yn ddall, medde rhai, ond dydw i ddim yn credu'n gryf yn hynny.

Ym Mangor y byddwn i'n treulio'r rhan fwyaf o'r wythnos, yn gwneud fy ngorau i ymdopi â'r rhestr ddarllen. Bob dydd am dro i brynu llyfr, bob nos yn llosgi'r gannwyll yn hwyr mewn llofft fel cell yn Neuadd Emrys Evans, un o neuaddau preswyl y coleg ym Mangor Uchaf. Yno, trio darllen Chaucer, John Donne, Marlow a Homer bob nos i gyfeiliant sŵn cefndir criw o fyfyrwyr Cymdeithaseg meddw a chwil, oedd wedi sefydlu'u pencadlys yn y gegin gyffredin y drws nesaf i'm stafell. Yn y diwedd bu'n rhaid i mi roi clowten i un neu ddau ohonyn nhw, dim ond er mwyn cael rhywfaint o lonydd! Synnwn i damed nad o'n nhw'n fy ngalw i'r 'hen rech sobor 'na yn stafell chwech' neu beth bynnag. Sdim eisiau dweud iddyn nhw fy riportio i'r warden, felly dyma benderfynu symud allan rhag tywallt mwy o waed. Ymfudais i Harlech i fwthyn roedd Gwenllian wedi'i rentu ar Ffordd y Traeth. Ro'n i wedi cefnu ar fy

ngradd yn y Saesneg bron â bod, er mawr siom a gofid i
mi. Roedd Gwenllian yn bwysicach o lawer, heb sôn am
fy ngherddoriaeth a fy heddwch meddwl i!

Ond un peth da ynghylch y cwrs Saesneg oedd bod, fel
Jim Perrin, yn aelod o grŵp tiwtorial Anthony Conran.
Sbastig oedd Conran a'i câi hi'n anodd rheoli'i aelodau a'i
anadlu. Serch hynny roedd ganddo feddwl disglair; roedd
yn ddyn clên ac yn diwtor Saesneg ardderchog. Roedd yn
cynnal ei diwtorials yn ei dŷ ar Allt Glanrafon ac roedd
fel petai wedi dethol ei grŵp, pob un yn ymddangos yn
greaduriaid od ac o gefndiroedd diddorol. Yn ei stydi ar y
llawr cyntaf roedd ei diwtorials, pawb yn eistedd ar lawr
gyda'u llyfrau a'u ffeils. Yno y bydden ni'n darllen ac yn
trafod ac yn taflu syniadau ddwywaith yr wythnos.

Fydden ni'n gwneud fawr ddim o Shakespeare, oedd
yn fy siwtio i i'r dim. Ro'n i wedi gwneud tair o ddramâu
Shakespeare yn yr ysgol ac yn eu cael nhw'n lladdfa.
Roedd gan Conran chwilen yn ei ben ynglŷn â gwreiddiau
llên gwerin, pethau cynnar fel *Trystan and Isolde*, *The
Canterbury Tales* a phethau mwy cyfriniol fel Beowulf,
Cú Chullainn ac ati. Bydden ni hefyd yn cyfarfod yn aml
yn sesiynau canu gwerin traddodiadol y King's Head
(mae'r lle wedi cau erbyn hyn). Ond er cryn ddirgelwch,
chwalwyd y grŵp tiwtorial hwnnw ac fe glywais i fod rhyw
ddrwg academaidd yn y caws, ond ches i erioed wybod
beth oedd asgwrn y gynnen. Bu'n rhaid i mi fynd i grŵp
y Dr Bellringer oedd yn gwneud Shakespeare ers dwy
flynedd. Roedd Bellringer yn awdurdod ar Shakespeare.
Doedd hyn ddim wrth fy modd i! Dydi'r theatr ddim yn
un o fy hoff bethau i ac rydw i'n cael Thespiaid yn lladdfa,
ynghyd â hŵrs a gwrywgydwyr!

Roedd Anthony Griffiths a'i wraig Marg hefyd yn byw
yn Harlech, ddim ymhell i lawr y ffordd, felly dyna droi

at gerddoriaeth: doedd yna'r un gitarydd ym Mhrydain y buasai'n well gen i ganu gydag ef y pryd hynny. Chwaraeon ni a chwaraeon ni ac yfon ni ac yfon ni gyda Gwynfor yn y Golden Lion lan yr allt bron bob nos. Roedd Anthony'n astudio yng Ngholeg Harlech a chafodd le ym Mangor ond wnaeth e mo'i dderbyn – roedd ganddo'r chwilen gerddoriaeth 'run peth â fi. Roedd hefyd yn ymhél lawer iawn â dringo creigiau, chwedloniaeth Gymraeg a thynnu lluniau safleoedd anodd eu cyrraedd yng Nghymru. Hyd yn hyn mae wedi cyfrannu lluniau i ddau lyfr wedi'u seilio ar y Mabinogi. Yn ddiweddarach cafodd ddau fab bach a'u magu nhw tra oedd Marg yn gweithio fel athrawes. Does yna ddim byd tebyg i glywed Anthony'n chwarae ar y gitâr ei drefniannau o hen alawon y delyn o Iwerddon a Chymru. Mae wedi gwneud cryn dipyn o ymchwil yn y meysydd hyn ac mae'n haeddu mwy o glod nag mae wedi ei gael. Wyr fawr neb am ei ymchwil gwerthfawr y mae wedi'i recordio ar o leiaf ddau CD. Mae Anthony'n eitha swil a thawedog nes bydd e wedi rhoi clec i beint neu ddau ac mae gofyn hynny i roi sbardun iddo. Does mo'i debyg ar y gitâr ragtime. Mae ei feibion mewn oed erbyn hyn ac wedi dilyn eu trywydd eu hunain, ond yn gerddorion ill ddau.

Lle rhyfedd ydi'r Golden Lion. Hen Wyddel oedd y perchennog, Mr Carroll, oedd yn ei wythdegau siŵr o fod ar y pryd. Clociau ar hyd y lle ym mhob man, o bob lliw a llun, y stafelloedd lan y stâr i gyd wedi'u cau â hoelion ar wahân i'w stafall e, a phob hydref pan oedd hi'n dechrau oeri byddai Carroll yn ei bachu hi am ei wely am y gaeaf fel arth yn cysgu'r gaeaf. Gwynfor a'i wraig oedd yn rhedeg y dafarn. Un o lond gwlad o botwyr y dref oedd Gwynfor, a'i wraig fyddai'n gofalu am Mr Carroll ac yn mynd lan â phrydau bwyd iddo. Roedd ganddo fachyn wedi'i sgriwio yn y nenfwd a rhaff hir yn sownd ynddo er mwyn gallu tynnu'i hun lan i fwyta ac yfed. Pan gynhesai'r tywydd byddai'n codi, yn mynd i lawr stâr ac yn ymgartrefu mewn cegin yn y cefn yn llawn clociau. Ambell waith byddai'n gofyn i ni fynd i'w stafell i chwarae cerddoriaeth Wyddelig a fe gaem ni gwrw am ddim a llawer o hwyl. Y tu ôl i'r bar roedd yna gythraul o dwll mawr oedd yn arwain i'r seler. Doedd dim caead ar y twll a nawr ac yn y man byddai Gwynfor yn syrthio i lawr y grisiau cerrig i'r seler ac yn gorfod cysgu'r nos yno, yn rhy feddw i ddringo o'no fel arfer. Ron Hopkins oedd yn cadw Gwesty'r Castell. Brodor o gymoedd de Cymru oedd Ron, a fu'n fyfyriwr yng Ngholeg Harlech ac yno y bu, heb adael erioed. Dyna'r math o le ydi Harlech.

Roedd Gwenllian yn cael eitha blas ar ddysgu Hanes yn yr ysgol a chyn hir symudon ni i dŷ modern mewn lle o'r enw Toytown. Roedd y tŷ hwn braidd yn fach a chyfyng. Doedd yno mo'r fath beth â'r 'cylch cymdeithasol' fel yn Harlech. Wedi dweud hynny gafon ni hwyl, a thoreth o brofiadau diddorol – dod ar draws alcoholics, epileptics ac unwaith, yn ystod hyrddwynt grym wyth a minnau'n croesi rhagfuriau'r castell, dacw bibydd Albanaidd yn ei holl ffigarîs yn gorymdeithio heb falio'r ffadan beni am yr hyrddwynt. Roedd y gwynt mor gryf fel mai prin y gallwn i glywed y pibydd a dyma weiddi, "Be ffwc wyt ti'n neud yma?" Cerddodd heibio i mi fel pe bawn i ddim yno – efallai mai ysbryd oedd e! Ond roedd golwg go iawn arno i mi, locsyn coch trwchus a chilt y Gwarchodlu Du! Roedd hi'n bryd i ni roi'n pennau ynghyd eto. Mynd yn ein holau i Gaerdydd aeth â hi.

Conway Road

SEFYLL AR GORNEL CONWAY Road ar droed Penhill sy'n
arwain tuag at Landaf; mis Mawrth 2008 yw hi. Mae'r hen
flwch llythyrau coch yno o hyd, ond wedi hen ddarfod o'r
tir y mae'r 'Siop Wen' lle bydden ni'n arfer prynu llefrith
at goffi bore (doedd 'da ni ddim rhewgell ar y pryd). Wela
i'r rhodfa hir o goed tal di-ddail yn ymestyn fel colofnau
i lawr y ffordd i'r pellter. Y tu ôl i mi mae Caeau Llandaf
a'r llwyn hir o goed ceirios heb eto flodeuo sy'n tyfu ar
fin y ffordd i fyny Penhill.

Ond dyw'r olygfa ddim 'run peth. Mae llawer o'r hen
adeiladau Oes Victoria wedi'u chwalu ac yn eu lle nhw
mae blociau o fflatiau wedi'u cynllunio'n sâl a'u codi'n
rhad. Ffordd o droi ceiniog fach sydyn i ddatblygwyr
eiddo blêr, heb barch tuag at y gweledol na'r gorffennol.

Ar ddwy ochr y ffordd, wedi'u parcio'n dynn yn ymyl
y pafin o dan y coed, mae dwy res o geir yn ymestyn i'r
pellter. Ar ddechrau'r saithdegau pan o'n i'n byw yn y
stryd dim ond dau neu dri car oedd yno. Yr adeg honno
roedd hi'n fwy tebygol mai plant yn sgrechian, un ar gefn
y llall ar feic tair olwyn, fyddai ar hyd y lle yn hytrach na
gyrrwr meddw neu unrhyw fath o yrrwr o ran hynny; yn
fwy tebygol hefyd o gael eich llusgo i dafarn y Conway
gan gwpwl o actorion, newyddiadurwyr neu feirdd
meddw am fwrw Sul coll unwaith eto. Wela i ysbrydion

lawer y dyddiau hyn yn Conway Road: John Tripp, John Ormond, Ryan a Ronnie, Ray Smith, Dave Reid, Richard Burton, Wynford Vaughan-Thomas, Peter Tinniswood, Patsy Tinniswood (*née* Mallan) ei wraig, a Beryl Davies ac enwi ond dyrned. I gyd yn slochwyr y Conway. Tafarn *arty* oedd y Conway. Roedd bar y stafell gefn hyd yn oed wedi'i gynllunio gan Ken Morgan fel bar theatr, un o mytis i o Benarth oedd yn astudio gyda mi yn y Coleg Celf. Roedd y Conway'n gyrchfan enwog i'r cyfryngis, hyd yn oed y dyddiau hynny.

Ar y groesffordd, ar y gornel am y ffordd â Mortimer Road, roedd hen blasty trefol mawr, hongliad Gothig go iawn o Oes Victoria gyda'r trimins i gyd, a'r marsipán a'r eisin. Adeilad ar ei ben ei hun oedd hwn mewn gardd led fawr. Roedd portico Gothig Seisnig cynnar yn fframio drws y ffrynt lle'r oedd grisiau'n arwain at ddwy golofn farmor Purbeck, yn cynnal cerfwaith Corinthaidd. Yr un peth â'r rhan fwyaf o'r tai mawr yma, roedd wedi cael ei ailwampio'n fflatiau a stafelloedd byw a chysgu. Ro'n i'n nabod rhai o'r trigolion ac yn galw heibio yno'n aml.

Roedd ffrind i mi, Gareth Buckley Jones, yn byw yn y fflat uchaf, grisiau tro'n arwain at wylfa grom lle'r oedd sbienddrych ar un adeg mae'n debyg, i syllu ar y sêr. Roedd yr ardd yn gartref i amryw o hen goed ffrwythau ac yno'r oedd cnwd mariwana un o'r tenantiaid, ynghudd ymhlith y chwyn tal. Mae wal gerrig uchel o gwmpas y cwbwl.

Gyferbyn â'r tŷ hwnnw roedd Gwenllian a minnau'n byw, mewn tŷ mawr arall, hefyd wedi'i ailwampio'n fflatiau a stafelloedd byw a chysgu, gan Des the Rent. Roedd hanes i'r tŷ, wedi bod yn ei dro yn feddygfa doctor, yn eglwys y Crynwyr ac wedyn yn deml Bwda. Pan o'n ni'n byw yno roedd puteiniaid yn byw yn rhai o'r stafelloedd, felly bu'n hwrdy hefyd!

Ar y llawr gwaelod ro'n ni'n byw, y tu ôl i ffenest fwa anferth ar ochr dde'r drws ffrynt, mewn fflat dwy ystafell. Bu unwaith yn un ystafell fawr hyfryd, bellach wedi'i rhannu'n flêr â phared styllod a phren haenog. Gyda chaniatâd y landlord chwalais i hwn a'i luchio i'r seler wag. O gwmpas canol y nenfwd roedd mowldiau plaster hardd, dail troed yr arth a ballu, pethau Groegaidd! Dyma grafellu, sandio a pheintio'r llawr â farnis tywyll lliw derwen, wedyn â llond llwyth lorri o bren o le achub coed yn nociau Caerdydd dechreuais godi croglofft. Roedd hi'n mynd ar hyd yr ystafell, yn wyth troedfedd o uchder ac yn ddeg troedfedd o led, a phileri pinwydd wyth troedfedd, chwe modfedd ar eu traws, yn ei chynnal. Roedd iddi risiau pren tebyg i gaban cwch hwylio ac oddi tani gegin fach a phopty ynddi, sinc, cypyrddau a bwrdd mawr wedi'i wneud o ddrws pinwydd. Roedd gennym silffoedd llyfrau gosod, hen seld Edwardaidd a soffa o flaen hen le tân teils. Gardd wedi tyfu'n wyllt oedd yr olygfa trwy'r ffenest fwa anferth a choeden ddrops yn unig oedd yn goroesi o'r dyddiau gwell, wedyn tafarn y Conway, y plasty Gothig, celynnen, a'r ffawydden goprog dalaf welais i yn fy myw. Mae'r plasty Gothig a'n tŷ ni wedi hen fynd, a blociau o fflatiau modern yn eu lle. Cwympwyd y gelynnen hithau ond mae'r ffawydden goprog yno hyd heddiw, i'n hatgoffa'n urddasol o'r dyddiau a fu.

Ar un adeg, terfyn perllan oedd Conway Road a blannwyd gan Farcwis Bute ac roedd rhan o dafarn y Conway yn sièd droliau yn y berllan. Yn ddiweddarach, pan ddechreuwyd codi tai, gadawyd llawer o'r coed ffrwythau hyn ac mae llawer iawn ohonyn nhw'n dal i ddwyn ffrwyth yng ngerddi'r tai.

Yr adeg honno prynodd ffrindiau i mi dŷ yn Severn

Grove â dwy goeden gellyg Conference enfawr yn yr ardd. Roedd y cewri hyn tua hanner can troedfedd o daldra. Ond rhaid oedd eu cwympo nhw am eu bod nhw'n sefyll yng ngolau'r ffenestri cefn. Dywedais i wrth fy ffrind y câi lwc ddrwg wrth gwympo coed mor hen ond iach. Cyn pen dim ysgarodd ei wraig ag ef, a bu'n rhaid iddo werthu a gadael!

Roedd ffenestr ein stafell ni mor dal fel mai anaml y bydden ni'n defnyddio'r drws ffrynt. Roedd hi'n haws dringo trwy'r ffenest a byddai'n hymwelwyr ni'n gwneud yr un peth. Doedd hi ddim yn beth prin i ni gael pobol wedi clwydo ar y llawr, ffrindiau oedd wedi colli'r trên fel arfer neu wedi cael eu cloi allan o'u tai neu eu gwestai. Byddai hyn yn symbylu Gwenllian i goginio brecwast anferth o'r badell, a galwyni o goffi Costa Rica mâl cryf, wedyn picio i'r Conway'n gynnar lle bydden ni i gyd yn chwil eto erbyn un o'r gloch y pnawn ac yn morio canu. Dros y Sul y byddai hyn yn digwydd fel arfer ac roedd hi'n braf bod y bobol hynny, ffrindiau selog gan amlaf, yn dod acw.

Wrth gwrs, yn y dyddiau hynny, byddai'r tafarnau'n cau am dri o'r gloch, felly am y siop ddiodydd ar Mortimer Road â ni am fwy o win, seidr a chwrw, ac yn amlach na pheidio byddai yna frandi a wisgi hefyd. A dal i yfed yn ôl yn y stafell nes i'r Conway ailagor am chwech. Aeth y parti yn ei flaen am dair blynedd o leiaf.

Byddai diwrnod arferol yn cychwyn tua un ar ddeg â brecwast anferth o'r badell a sudd ffrwythau a choffi cryf. Wedyn mynd am dro trwy Barc Bute i'r dre i fynd i yfed gyda ffrindiau yn yr Old Arcade yn Stryd yr Eglwys. Yno y bydden ni'n potio Brains S.A. tan dri neu hanner awr wedi. Wedyn, fel arfer, cerdded yn ôl i Conway Road gydag ambell un i'n canlyn, prynu mwy o lŷsh a dal i yfed nes i'r Conway agor. Draw i'r Conway tua saith a dal i fynd tan stop-tap am hanner awr wedi deg neu un ar ddeg. Wedyn, os oedd rhywrai ar eu traed o hyd, dal i fynd ar draws y ffordd tan oriau mân y bore. Buasai llyfr ymwelwyr wedi bod yn dda o beth – yna byddai modd gweld enwau'r enwogion, y drwgenwogion a'r rheini a enillodd fri yn eu priod feysydd.

Roedd bywyd yn mynd yn ei flaen y tu allan i'r ffenest: plant yn chwarae ar y stryd, cathod a chŵn yn llechu yn yr ardd lawn chwyn, ac eosiaid a cholomennod coed yn nythu yn y ffawydden goprog. A ninnau fel y gog, ac mewn cariad. Ro'n ni'n gwneud tipyn o hyn a'r llall i gadw'r blaidd o'r drws. Ac roedd llond gwlad o boteli gweigion i'w cario'n ôl i'r siop bob dydd i gael y blaendal oedd yn talu am lŷsh y diwrnod wedyn. Roedd hi'r un peth yn union â bod yn fyfyriwr eto, ond yn well. Heb ofal o fath yn y byd – dwy bunt a chweugain yr wythnos oedd y rhent!

PENNOD 12

Beryl

DOEDD SOLFACH DDIM WEDI newid fawr ddim ers i ni ei chychwyn hi am Lydaw. Roedd fy merched o fy mhriodas â Tess – Isobel a Bethan – yn byw yno, fel maen nhw hyd heddiw. Byddai Gwenllian a fi'n bodio i lawr yno'n aml i weld fy mam, Betty, a'r plant. Roedd Gwenllian yn hoff iawn o Wizz (Isobel). A Bethan. Roedd Gwenllian hefyd yn hoff iawn o Solfach, lle bu rhai o'i pherthnasau hi'n byw unwaith. Roedd Capten Prance yn byw yn Anchor House yn y cwm. Byddai ei wraig yn cadw'r swyddfa bost yno cyn y rhyfel.

Un o ferched Prance, Iris, a ddaeth yn Mrs Beer yn ddiweddarach ac a oedd yn dal i fyw yn Anchor House, oedd fy athrawes ganu. Roedd hi'n ddynes hyfryd ac yn ddawnus iawn, yn bianyddes dda fyddai'n canu'r organ yng Nghapel Uchaf (Annibynwyr Seion) ar y rhiw oedd yn arwain at eglwys Gatholig Dewi yn Nhregroes, hanner milltir i ffwrdd. Mae Tregroes ar hen ffordd y pererinion i gysegr Dewi yn Eglwys Gadeiriol Tyddewi dair milltir i lawr y ffordd i'r gorllewin. Ro'n ni'n hapus, yn wyn ein byd a digon o ffydd, gobaith a chariad, ond fawr o arian fyth. Roedd yr hen gitâr a dyrned o'r hen ffefrynnau yn dal i wneud y tro yn y barrau, a hynny o leia'n cadw'r cwrw i lifeirio!

Un penwythnos, dyma fodio i Solfach. Roedd hi'n

llwydaidd, ganol yr hydref. Yn syth i'r Cambo gynted ag y cyrhaeddon ni, yn union yn ymyl y bont. Dau neu dri llymeitiwr yn sgwrsio â dynes ddieithr yn gwisgo côt law laes lwyd amdani. I ffwrdd â ni a dechrau cerdded i lawr i'r Ship yn y stryd fawr. Wedyn clywais lais dynes yn galw arnon ni mewn acen Seisnig grand iawn. "Raymond, Raymond, be sy'n bod arnat ti?" Cip holgar gan Gwenllian, codais fy ngwar a dweud nad o'n i erioed wedi cyfarfod â'r ddynes na'i gweld hi o'r blaen.

Stwcen fach oedd hi, eitha tew, â gwallt cyrliog tywyll blêr braidd a sbectol fawr fframiau trwm. Daeth hi aton ni, yn ymosodol ond yn ddryslyd, yn feddw gaib i'm tyb i. Llygadodd fi, yn fyr ei golwg, ac meddai "Nid Raymond wyt ti!"

"Nage, pwy ydi Raymond?" meddwn i.

"Raymond Vidler, wrth gwrs. Ro'n i'n meddwl mai Raymond oeddech chi. Rydych chi'r un ffunud ag e."

Digwydd bod, hen ffrind ysgol oedd Raymond Vidler, hefyd o Solfach. Y teulu George ydi ei dylwyth, oedd yn arfer bod yn berchnogion stemar o'r enw *Ben Rhein*. Roedd Gwenllian a fi yn nabod y brawd, cyfreithiwr yng Nghaerdydd yn gweithio i Hallinan ar Heol Casnewydd. Roedd yn un o'r brodyr a'n cafodd ni allan o garchar Caerdydd pan gawson ni'n restio ar ein ffordd i Lydaw.

"Wel, nid Ray ydw i, fel y gwelwch chi. Fydd rhaid i chi gael sbectol newydd," meddwn i.

"Wel," meddai hi, "rydych chi'n debyg iddo fe. Ydych chi'n perthyn?"

"Nac ydyn," meddwn i, "ond un o Solfach ydw i ac mae e'n ffrind i mi. Meic Stevens dwi."

"Bobol annwyl," meddai Beryl. "Mae'ch recordiau chi i gyd gen i, dwi jyst â marw isio'ch cyfarfod chi ers amser.

Ond beth y'ch chi'n ei wneud yma?"

"Yma ganed fi, mae nheulu i'n byw yma a ni wedi dod i roi tro amdanyn nhw."

"Dewch i ni gyd fynd i'r Ship. Mae arna i syched," meddai Gwenllian ac i ffwrdd â ni i far gwag y Ship lle mae yna bob amser dân coed braf. Dyna sut cyfarfon ni ag Edith Beryl Davies.

Yn y sgwrs wedyn, cawsom ar ddeall fod chwaer Beryl, Kate, yn briod ag un o gyd-weithwyr Ray Vidler yng nghwmni Hallinan. Fel mae'n digwydd, Martin Prowel bellach ydi pennaeth Hallinan. Ro'n i'n meddwl ar y pryd fod hyn yn gyd-ddigwyddiad go fawr. Roedd Beryl yn aros yn Warpool Court Hotel a minnau'n nabod y brodyr Lloyd oedd piau'r lle ac yn ei redeg ar y pryd. Gwesty preifat yw hwn, ger y glannau ar y ffordd i Eglwys y Santes Non, yn union y tu allan i Dyddewi. Codwyd y tŷ gan ddwy chwaer ryfedd, bron fel ffoledd drud iawn. Mae'n dal i fod yn westy. Cyd-ddigwyddiad arall oedd bod Beryl newydd brynu fflat yn Conway Road wrth ein hymyl ni. Ro'n ni'n gymdogion a dyma lle dechreuodd yr hwyl eto.

Yn ddiweddarach, yn ein holau yng Nghaerdydd, dechreuom gyfarfod â Beryl yn rheolaidd yn y Conway a buan y cawsom ar ddeall fod yna dipyn o stamina ynddi o ran potio a chyfansoddiad cadarn fel y graig, ddywedai llawer. Tafarn Gymreig oedd y Conway ar y pryd, hynny yw, roedd cyfran fawr o'r yfwyr yn medru'r Gymraeg. Roedd Pontcanna'n lle rhad iawn i fyw. Roedd llawer o gyfarwyddwyr a chynhyrchwyr y BBC a HTV yn mynd yno'n aml hefyd, a hynny'n denu actorion, cantorion ac awduron yn chwilio am waith. Dwi'n cofio'n iawn am Gog ifanc, Meic Povey, sydd erbyn hyn yn ddramodydd llwyddiannus, yn dangos ei big mewn parti ac wedyn yn symud i stafell fechan fach ar Conway Road. Chwilio am waith fel actor oedd Meic ar y pryd a chawsom aml i bnawn meddw yno yn eistedd wrth fwrdd ar y landin yn yfed ac yn taflu syniadau am sgriptiau. Roedd ei stafell lan yn yr atig a fawr ddim lle uwchben. Dyna sut roedd hi bryd hynny, digon ffwrdd-â-hi.

Yn ei fabandod yr oedd darlledu Cymraeg, yn dal i ddefnyddio camerâu-sine ar gyfer y rhan fwya o'r gwaith. Yn y stiwdios, camerâu fideo anferth ro'n nhw'n eu defnyddio, ar ben podia trwm ar olwynion. Roedd gofyn cael dau ddyn i'w gweithio nhw, un ffotograffydd a'r llall yn gwneud dim ond ei wthio o gwmpas y llawr. Yn y parc ar draws y ffordd roedd stiwdio HTV ar ben Cathedral Road, ar safle hen ffermdy Pontcanna ac roedd yna fuwch neu ddwy'n pori o hyd ar borfeydd gleision y tele-nefoedd, heb sôn am lond whilber o gachu rwtsh! Ambell i fochyn hefyd ac ieir a'i gwnâi dipyn fel fferm, ac roedd yna bob amser ddigonedd o goc-a-dwdlo yno. Yn y Conway hefyd roedd tipyn go lew o frefu a rhochian oedd yn dân ar groen y beirdd a'r deallusion, heb sôn am griw Duw oedd yn gwneud eu rhaglenni Sul yn y parc.

Byddwn yn cael gwaith o bryd i'w gilydd, yn enwedig gan fy ffrind, Gareth Wyn Jones, a fu farw'n ddiweddar. Erbyn hyn mae'n byw mewn plas teg ym mharadwys, lle mae'r *chefs* Ffrengig gorau a'r gwinoedd mwyaf nefolaidd. Heddwch i'w lwch, y dyn mawr!

Pan fu farw f'ewyrth Syd, fe gomisiynodd Gareth fi i sgrifennu marwnad ar gyfer rhaglen roedd yn ei wneud o'r enw *Nails*. Rhaglen gelfyddydau cyfoes oedd hi a Tom Davies yn ei chyflwyno, nofelydd a newyddiadurwr a fu'n gweithio ar *The Times* a'r *Observer*. Dyna ysgytwad ges i pan fu farw Syd, brawd Mam, yn sydyn o drawiad anferth ar y galon ar ôl parti pen-blwydd ffrindiau iddo

yn y Farmers Arms yn Nhyddewi. Gan ddechrau ar
ddydd Gwener, ar y cnap fuon nhw drwy'r dydd Sadwrn
a than amser cinio dydd Sul. Aeth Syd yn wael ac aeth y
landlord ag e adre yn ei gar. Doedd hi fawr o dro cyn iddo
farw'r pnawn hwnnw.

Roedd Syd yn gweithio mewn adeilad bach cerrig
ger y bont dan gysgod drws mawr gorllewinol yr eglwys
gadeiriol. Mae afon Alun yn llifo heibio i lôn goblog gul
sy'n arwain at brif fynedfa Palas yr Esgob. Roedd mab
Syd, fy nghefnder David Walter, yntau bellach wedi marw,
yn gweithio yno fel un o dîm o seiri maen, yn gwneud eu
gorau glas i gadw'r adeilad canoloesol rhag mynd â'i ben
iddo – ar gyllideb ceiniog a dime. Roedd eu cariad tuag
at yr adeiladau hanesyddol hynny a'u hymroddiad iddyn
nhw yn rhyfeddol; ro'n nhw'n byw a bod yno yng nghlos
y gadeirlan o ddydd i ddydd, y naill wythnos ar ôl y llall,
am flynyddoedd, am gyflog mwnci, yn gweithio'n galed â
bôn braich fel Bendigeidfran. Y dyddiau hyn mae arian
mawr ar gael, a dwylo eraill yn gweithio'r peiriannau
fydd yn cadw'r henebion hyn i'r oesoedd a ddêl. Dim ond
fy hen ffrind Tony Pierce sydd ar ôl o'r hen griw fyddai'n
chwarae ymhlith yr adfeilion hynny pan o'n ni'n blant,
yn hel nythod adar, yn pysgota brithyll yn afon Alun ac
yn rhedeg tua thre ag ofn yr ysbrydion oedd yn cerdded
y man cysegredig hwnnw.

PENNOD 13

Dic Penderyn

SIORT ORAU. HEN HWYL a hanner, yn yfed o fore gwyn tan nos. A dweud y gwir, tynged afiach a diflas braidd – gofynnwch i Tom Davies neu Carl Francis, ill dau wedi sobri ac ymuno â chriw Duw – choelia i fawr! Yn yfed, yn feddw, yn yfed, yn feddw, yn chwil ar fwg drwg ac yn malu cachu, os oedd rhywun yn gallu siarad o gwbwl! Dyw'r dull yma o fyw, er gwaetha Dylan Thomas ac adar o'r unlliw fel Brendan Behan, yn fawr o gaffaeliad i gelfyddyd na chreadigrwydd. Peidiwch â nghamddeall i: dwi'n dal i gael blas ar lymaid, weithiau mwy nag un, ond mae gofyn pwyllo. Mae lỳsh yn gallu peri helynt mawr – marwolaeth hyd yn oed! Felly gan bwyll, chwi Facchantiaid oll.

Roedd y parti ar draws y ffordd yn tyfu, yn ymestyn ac yn mynd yn fwy swnllyd. Ond ychydig o reolau oedd gan ein parti ni ac roedd y lỳsh yn rhatach yno na'r Conway. Gaen ni smocio faint fynnen ni o fwg drwg heb ofn bod dan lach na chrafanc y gyfraith. Yn ôl pob golwg roedd hanner pobol y cyfryngau yng Nghaerdydd ar draws y ffordd yn y Conway. Roedd eu tinc darlledu peraidd cyfarwydd i'w glywed yn nofio trwy'r ffenestri agored ar y cymylau dudew o fwg ffags.

A beirdd Cymru hefyd, yn hen a newydd, beirdd meirwon? Wel, byddai rhai ohonyn nhw wedi llwgu oni

115

bai am Gyngor Celfyddydau Cymru a oedd, iddyn nhw, yr hyn roedd nawdd cymdeithasol i hanner meddwon didoreth Caerdydd – y rheiny oedd yn malu eu cachu eu hunain yn y parti yn rhif 55 dan gysgod ffawydden goprog anferth!

Digon oedd digon. Roedd gofyn i mi gallio a gwneud rhywbeth hardd. Ar y pryd doedd gennym ni ddim moethau fel teleffon felly os oedd rhywun am gael gafael arna i ar gyfer gìg neu sioe radio neu deledu fel arfer anfon rhywun draw i'r fflat neu i'r Conway oedd y drefn. Ac un bore daeth merch heibio yn chwilio amdana i. Do'n i ddim yn ei nabod hi; erbyn deall, cynorthwywr cynhyrchu oedd hi i gwmni theatr, Theatr yr Ymylon. Cychwynnwyd y cwmni dan ambarél Cyngor Celfyddydau Cymru gan actor o'r enw David Lyn. Ro'n i'n nabod David yn lled dda, Gwenllian hefyd, ond ar y pryd doedd a wnelo David ddim â'r cwmni. Dyn o Dde Affrica oedd yn ei redeg, brawd croenddu o'r Penrhyn – Norman Florence. Trefnwyd cyfarfod, a bore trannoeth es i'w ganolfan, capel wedi'i ailwampio yn Crwys Road, draw yn Cathays yr ochr draw i'r afon.

Cadiffán mawr tew oedd Florence a fu'n blentyn o actor mewn rhyw ffilmiau anadnabyddus. Dyna oedd ei hawl ar enwogrwydd a rhaid bod hynny'n ddigon da i Gyngor Celfyddydau Cymru a'i gwnaeth yn fòs. Erbyn deall roedd ei wraig yn actores, yn ferch barnwr yn yr uchel lys – y Taffia eto, â'u drwg yn y caws! Well i mi droedio'n ofalus, mae Peter, mab Florence, yn gyfarwyddwr Gŵyl Lenyddol y Gelli Gandryll! Mae'n briod â merch dwi'n ei nabod (ffrind i ffrind) oedd yn arfer gwneud modeli o garafanau sipsiwn.

Roedd gas gen i Florence ar yr olwg gyntaf, malwr cachu eto fyth, yn rhedeg cwmni theatr dan nawdd

trwm. Roedd y Steddfod a Chyngor y Celfyddydau ill dau
wedi comisiynu Theatr yr Ymylon i greu a chynhyrchu
drama gerdd ar gyfer Steddfod Caerdydd y flwyddyn
honno, 1978. Roedd y ddrama gerdd yn defnyddio thema
Dic Penderyn, a aeth o flaen ei well ac a grogwyd yn
gyhoeddus am ei ran honedig mewn digwyddiad trist yn
ystod terfysgoedd Merthyr, 1831. Roedd hwn yn gywaith
diddorol er na chlywswn i ddim sôn am neb oedd wedi
ymhél â'r pwnc. Buom yn dal pen rheswm am hydoedd
yn y dafarn, wedyn meddwi tipyn, wedyn talodd Florence
am ginio a chynnig i mi'r gwaith o sgrifennu'r sioe.
Cynigiodd i mi hefyd swydd y cynhyrchydd (rhaid ei bod
hi'n fain arno, meddwn i wrthyf fy hun). Do'n i erioed wedi
cyfarwyddo dim ar lwyfan. Y peth agosaf i hynny a wnes
i o'r blaen oedd pan sgrifennais i interliwdiau cerddorol
ar gyfer un o ddramâu Molière i Gwmni Theatr Cymru
ym 1970. Hyfforddais i'r actorion a dangos iddyn nhw
sut i ganu'r caneuon ond doedd hynny fawr o beth achos
roedd ganddyn nhw i gyd leisiau da ac yn gallu canu'n
dda beth bynnag. Rhai o actorion y sioe oedd Dafydd
Hywel, Sharon Morgan, Marged Esli, a Dyfan Roberts.
Aeth y prif rannau i Merêd Edwards a Iona Banks. *Y Claf
Di-glefyd* oedd y ddrama.

Dywedais wrth Florence y meddyliwn i am y peth.
Rhyfedd o beth – un diwrnod dacw fi heb gragen i
ymgrafu, heb waith, ar gyflog o fath yn y byd a chwap,
o garpiau i gyfoeth. Wedi tipyn bach o ffureta cefais ar
ddeall fod Florence a Chyngor Celfyddydau Cymru eisoes
wedi cynnig y gwaith i Hywel Gwynfryn yn y BBC ac i
Endaf Emlyn, oedd ar y pryd yn gweithio i HTV. Conos y
cyfryngau oedd y ddau ac roedd golwg swyddi i'r hogiau
arni eto. Ond y tro hwn, yn ôl pob golwg, allai'r 'hogiau'
ddim ymdopi. Ond gwyddwn ym mêr fy esgyrn y gallwn
i. Yr unig ddrwg oedd bod Florence wedi'i gadael hi mor

hwyr, tri mis cwta oedd gen i i sgrifennu'r holl beth.

Wedyn, roedd gofyn ei baratoi ar gyfer y llwyfan ac yn barod i'w berfformio. Roedd hyn yn dipyn o ysgytwad. Ro'n i mewn dyfroedd dyfnion; doedd dim rhyfedd bod Hywel ac Endaf wedi gwrthod!

Ro'n i'n cael joch y noson honno gyda fy hen ffrind Geraint Jarman, yn meddwl tybed allai yntau roi help llaw i mi. Ro'n ni'n ystyried gwahanol bosibiliadau. Yn sydyn dyma waedd ganddo a chlec i'r bwrdd ac meddai, "Rhydwen! Rhydwen yw'r boi amdani!" Roedd Rhydwen Williams yn un o'n hoff bobol ni, bardd, un o'r beirdd byw mwyaf yng Nghymru, a hefyd yn actor ac yn bregethwr lleyg aruthrol. Roedd Rhydwen yn un o'r bois, ond hefyd yn un o'n bois ni, yn dipyn o lo tarw, nid un o'r pegors criw Duw glân eu buchedd hynny, er y byddai'n aml yn ymddangos felly. Beth darodd yr hoelen ar ei phen oedd ei fod wrthi ers rhai blynyddoedd yn ymchwilio i'r sefyllfa ym Merthyr yn ystod y terfysgoedd. Byddai Geraint a fi'n ei weld yn aml yn dod allan o'r hen lyfrgell ganolog neu'n ymochel yn nrws rhyw dafarn ar Stryd y Santes Fair, hen gôt law flêr a mwffler amdano. Roedd Rhydwen 'run peth â ni, yn fab afradlon. Hefyd, roedd hi'n fain arno, 'run peth â ni! Doedd Rhydwen ddim yn annhebyg i un arall o farwyr llenyddol, T. Glynne Davies, yn un o gas bethau'r sefydliad Cymreig ond yn ddyn na allen nhw mo'i anwybyddu. Ro'n nhw'n torri'u cwys eu hunain, yn llenorion tan gamp, yn yfwyr mawr ac yn chwedleuwyr heb falu cachu. Roedd ganddyn nhw hefyd gryfder rhy brin o'r hanner y dyddiau hyn – gwyleidd-dra!

Roedd ffrwyth ymchwil Rhydwen newydd ei gyhoeddi ar ffurf nofel ramantaidd, *The Angry Vineyard*, oedd yn digwydd yn ystod gwrthryfel Merthyr. Roedd Rhydwen yn benderfynol nad terfysgoedd oedd y digwyddiadau

hyn, ond gwrthryfel sifil yn erbyn pwerau'r llywodraeth.
Anafwyd a lladdwyd llawer ar y ddwy ochr, y milwyr
traed a'r gwŷr meirch.

Darllenais *The Angry Vineyard* a dyma hi, y stori i gyd
yn fy nwylo – dyna i ni strôc o lwc. Es i at Florence gyda'r
cynnig ein bod ni'n defnyddio plot llyfr Rhydwen yn sail
i'r sioe. Dyma gael Rhydwen i lawr o'i gartref yn Aberdâr
ac awgrymu'r cynllun iddo. Sgrifennwn i'r gerddoriaeth,
sgrifennai yntau'r libreto ac i ffwrdd â ni. Roedd yn
berffaith, yn hyfryd, a gwyddwn y byddai'n llwyddo!

Es i fyw i Gapel Ebenezer, wedi cael gan rai o
weithwyr y theatr godi caban bach i mi yng nghornel
stafell wag â nenfwd uchel yn y seler. Ynyswyd y cwt
rhag sŵn, a rhoi recordydd tâp rîl i rîl a meicroffon
ynddo. Byddai Rhydwen yn dod heibio bob dydd gyda'r
sgript a minnau'n gwneud iddi ddawnsio i gyfeiliant y
gerddoriaeth. Byddem yn cyfarfod am ginio yn nhafarn
y Crwys a mynd trwy'r caneuon oedd wedi'u sgrifennu'r
diwrnod cyn hynny. Minnau'n mynd â nhw i'r cwt –
roedd rhywun wedi'i fedyddio 'Yr Wy'. Ac i ffwrdd â fi
ar drywydd dodwy opera. Doedd Rhydwen erioed wedi
gwneud dim byd fel hyn o'r blaen ond ro'n i'n synnu at
raen ei sgrifennu; yn ffres, yn ifanc ei naws, yn gryno
ac yn hardd iawn. Roedd ei ganeuon mor rhythmig fel
ei bod hi'n hawdd i mi'u rhoi ar gân. Roedd rhaid i mi
wneud rhywfaint o olygu wrth gwrs ond doedd hyn yn
newid dim ar ansawdd delynegol y sgript roedd yn ei
sgrifennu. Roedd hi'n ardderchog!

Bob dydd, ddydd ar ôl dydd, yr un drefn: i mewn i'r
Wy yn y bore, gweithio ar eiriau caneuon y diwrnod cynt
gan ddefnyddio dim ond y recordydd tâp a gitâr acwstig.
Wedyn i'r dafarn amser cinio i godi'r sgript gan Rhydwen
a chael peint neu ddau o Brains SA. I'm tyb i roedd y

sgript roedd yn ei sgrifennu'n well o lawer na *The Angry Vineyard*. Ac yn fwy addas ar gyfer y thema. Yr unig ddrwg oedd Florence, a fyddai'n mynnu torri ar draws a rhoi ar ddeall i mi heb flewyn ar dafod mai ef oedd y bòs. Roedd rhaid i ni drosi'r sgript i'r Saesneg hyd yn oed, am nad oedd gan Florence ddim crap ar y Gymraeg. Roedd hyn yn arafu Rhydwen a hithau mor fain arnon ni am amser beth bynnag. Mochyn oedd Florence ac roedd yn drewi fel mochyn hefyd. 'Pam rydw i yma?' fyddwn i'n meddwl droeon.

Roedd ar Florence angen swyddog y wasg. Gwnaeth Gwenllian gais a chael y gwaith – roedd yn gas ganddi din-droi yn y fflat ar ei phen ei hun. Roedd Florence wedi penderfynu dwyn cyrch ar Ŵyl Caeredin â dau gynhyrchiad; un ohonyn nhw oedd *Siwan* gan Saunders Lewis. Roedd *Siwan* wedi hen ddechrau ymarfer pan gafodd Florence ganiad gan Saunders yn gofyn pam nad oedd e wedi cael gwybod. Doedd gan Florence mo'r cwrteisi i ddweud wrth Saunders, oedd mewn oed mawr ar y pryd, yn ei wythdegau ac yn byw o fewn tafliad carreg ym Mhenarth. Roedd Florence wedi myllio'n lân nes i mi ddweud wrtho fod Gwenllian yn ferch fedydd iddo. Dyma alw Gwenllian a'i gwenieithio hi. Dim ond codi'r teleffon roedd rhaid iddi a dweud "S'mae, wncwl Saunders, mae yna dipyn o helynt acw..." Cafodd Florence sgwrs ag ef wedyn. Mae Saunders fel tad bedydd y theatr fodern yng Nghymru. Achubodd Gwenllian groen Florence go iawn y diwrnod hwnnw – doedd dda gan Gwenllian mono chwaith.

Syniad mawr nesaf Florence oedd i mi, Rhydwen ac yntau fynd i Lundain i weld *Jesus Christ Superstar*. Doedd arna i ddim eisiau mynd, a dweud y gwir. Ro'n i wedi'i gweld hi ddwywaith a doedd meddwl am dreulio rhai oriau gyda Florence yn ei gar drewllyd ddim yn apelio'r un blewyn. Ond mynd fu'n rhaid i mi, ar ôl mawr achwyn – wfft i wibdaith am ddim gan Gyngor Celfyddydau Cymru. A minnau'n gyfarwyddwr cerddorol, plygu i'r drefn oedd yn rhaid, a mynd.

Felly, i ffwrdd â ni ar hyd y draffordd a chyrraedd gwesty drud yn y West End. Parcio'r car a mynd i hel tafarnau yn Soho, gyda Rhydwen a Florence yn claddu jìn a thonig am a welech chi, wedyn Taverna Groegaidd yn Greek Street. Yn ystod fflyd o salad a kebabs ac Ouzo sylweddolais ein bod ni'n union uwchben yr hen glwb gwerin Les Cousins lle byddwn i'n arfer canu ers talwm byd gyda Bert Jansch, Ann Briggs, Donovan a Jackson C Frank. Wedyn mwy o ddiod, a gwely. Do'n i'n cofio fawr am y sioe ond yn ei gwybod ar fy nghof bron. Ro'n i'n rhannu swît gyda Rhydwen bur chwil, oedd yn crwydro o gwmpas mewn pâr o drôns piws. Meddyliwch, pregethwr a bardd wedi'i dal hi mewn pants piws. "Rho fe yn y sgript achan," meddai Rhydwen. Yna chwerthin mawr. Doedd gan Rhydwen ddim i'w ddweud wrth Florence chwaith. "Beirdd mewn tronsiau piws," meddwn i dan garglio fel gargoil, a mynd i gysgu.

Wedi hynny, ro'n i'n meddwl y gallwn i ymdopi ag unrhyw beth ac i ffwrdd â ni ar wib yn ôl i Gaerdydd â phennau mawr iawn. Yn ystod y deuddydd, dri nesaf dechreuodd *Dic Penderyn* siapio a minnau'n gwybod y bydden ni'n ei gwblhau mewn pryd. Roedd geiriau'r caneuon yn taro, y gerddoriaeth yn llifo a'r ddrama lwyfan yn ei sgrifennu'i hun. Roedd angen cyfarwyddwr. Cynigiais i Pete Edwards oedd newydd ymfudo i Dreganna – lle arall? Dyn deche, dyn difyr a dyn wrth law. Roedd yn rhy dda i fod yn wir, yn ysbrydol a rhyw naws o *déjà vu* i'r holl beth. Ro'n i'n teimlo fel rhyw fath o *psychic*.

Fel cerdd D H Lawrence: "We are all transmitters". Wrth gwrs, am fod y swydd, y gwaith, mor ddyfal, a chithau'n gorfod hoelio'ch sylw mor graff, rydych chi'n eich cael eich hun yn benfeddw rywsut. Fel petai'r sioe'n cael ei thaflu o rywle arall i'r hen seler eglwys annaearol, fel petai hi'n bodoli eisoes mewn byd arall yn gyfan gwbwl.

Yn y cyfamser, yn ôl yn 55 Conway Road, doedd pethau wedi newid fawr ddim. Erbyn hyn roedd rhai ffyddloniaid, rhai hen ffrindiau, gwastraffwyr amser proffesiynol, yn benderfynol o yfed pob diferyn o lŷsh yng Nghaerdydd. Weithiau byddai fy hen ffrind Ray Watts y masnach-longwr yn galw heibio pan oedd ar seibiant. Does dim dwywaith na allai Ray yfed, ac yfed a wnâi. Pan gyrhaeddai, byddai'n mynd â fi i'r siop win ar Mortimer Road, yn tynnu ei waled – oedd bob amser yn orlawn – ac yn prynu llwyth o ddiodydd i fynd mas! Cratiaid o goch, un arall o wyn, poteli o wisgi, jìn, ry`m, brandi a phethau ffansi i wneud coctels, cratiau o gwrw, lager a seidr, dŵr, soda, lemonêd a jinjibïar.

Byddai'r stelcwyr barus yn rhoi clec i'r pentwr yma cyn pen dim. Roedd haelioni Ray'n chwedlonol ymhlith diogwyr a phuteiniaid Caerdydd. Wedyn, ar ôl yfed y botel olaf, i ffwrdd â nhw dan wegian i hambygio gwroniaid y Conway. Daeth hyn yn gêm ganddyn nhw, nid mor ddigri i mi – cawson ni i gyd ein gwahardd o'na yn y diwedd, ar wahân i Gwenllian a ddihangodd rhag y dynged honno oherwydd ei swyn naturiol enwog. Dim ond hyn a hyn y gallai Jack a Meg y perchnogion ei ddioddef gan dancwyr croch Rhif 55.

Unwaith, daeth Ray Watts adref o'r môr, yn annisgwyl fel arfer, yr un cast siop ddiod, ond y tro yma wedi i'r angenfilod roi clec i'r lŷsh roedd e wedi'i brynu, rhoddodd winc arna i. "Eto?" meddai. Felly'r tro yma,

pan gyrhaeddon ni'r siop, dyblodd yr archeb a bu'n rhaid
i ni gael tacsi mwy o faint i yrru'r decllath ar hugain yn
ôl. "Alla i ddim credu'r bois 'na," meddai. Yfon nhw y
llwyth hwnnw hefyd, y cwbwl lot. Chaem ni ddim rhagor
yn eu lle nhw nes byddai popeth wedi'i fwyta a'i yfed,
'run peth bob tro. Yn y diwedd dacw ni'n siglo ar ein
cadeiriau a'r tancwyr yn gorweddian, wedi'u llorio, yn
chwyrnu ar hyd y llawr ym mhob man. Roedd Gwenllian,
fel roedd hi gallaf, wedi mynd i'r gwely. Buan yr es i ar
ei hôl hi gan adael Watts yng nghanol y giwed chwil
anymwybodol yn rholio sigarét ac yn agor potelaid eto
fyth o rỳm. Yn y cyfamser, yn ddiarwybod i'r beirdd, y
bolgwn a'r benywetach, y llenorion a'r llymeitwyr yn y
Conway, ni welwyd y cyrch o ynfytion y noson honno!

Yn ddiweddarach, yn ôl yn yr Wy, roedd *Dic Penderyn*
bron wedi'i orffen. Ro'n i mor falch o rai o'r caneuon fel y
cynigiais i Florence ein bod ni'n gwneud disg hyrwyddo.
Cytunodd yntau, er nad oedd angen go iawn. Doedd hyn
heb gael ei wneud yng Nghymru o'r blaen ac, yn ddi-os,
byddai mynd mawr ar y recordiau yn y Steddfod. Felly
llogais stiwdio'r BBC yn Stacey Road, yr unig stiwdio
aml-drac fforddiadwy oedd ar gael y tu allan i Rockfield
yn Nhrefynwy. Huriais fand: Richard Dunn, allweddelli;
Roger Gape, gitâr bas; Tich Gwilym, gitâr; Arun Ahmun,
drymiau; rhai cantorion o'r dafarn a Mair Robbins fel y
prif leisydd. Fi ganodd y caneuon eraill a chanu'r gitâr
acwstig. Rhyddhawyd y ddau ddisg ar label Theatr yr
Ymylon, oedd yn debyg i faner Cymru – horwth o ddraig
fawr goch a gwyn a gwyrdd. Erbyn hyn, mae'r recordiau
yma'n brin a galw mawr amdanyn nhw ymhlith casglwyr
recordiau. Ges i hwyl fawr yn eu gwneud nhw, a hyfryd o
beth oedd clywed y gerddoriaeth yn dod allan o'r stiwdio.
Y traciau recordiwyd oedd 'Pe Medrwn', 'Cân Nana',
'Bach Bach' a 'Llygad am Lygad'.

Daeth hi'n bryd i ni gastio, a oedd yn anodd i mi am fy mod i'n nabod llawer o'r actorion. Penderfynais fod arna i eisiau cantorion oedd â rhywfaint o brofiad actio yn hytrach na fel arall. Gallwn weld Bryn Fôn yn rhan Lewis Lewis, 'Lewsyn yr Heliwr', sef y rhan bwysicaf ond un. Roedd arna i eisiau pobol ifanc yn y cast am fod y rhan fwyaf o'r bobol go iawn yn ifanc yn yr hanes. Mae gan Dyfed Tomos lais tan gamp ac fe gastiwyd ef yn rhan Dic Penderyn, Bryn gafodd Lewsyn a Sioned Mair gafodd Nana, y brif ran i ferch. Cafodd Meic Povey yr hen Crawshay, ac roedd yna dyrfa eitha mawr o blismyn a therfysgwyr. Pete Edwards fel y dywedais i oedd yn cyfarwyddo, a daeth Norman Florence â choreograffydd i mewn o grŵp dawns o'r enw Moving Being. O sioe Gymraeg, roedd yna gast o filoedd.

Erbyn hynny, roedd fy mherthynas â Florence wedi cyrraedd y gwaelod isaf un a chlywais ei fod yn ceisio cael gwared â mi. Hen ddyn annifyr, milain – a minnau wedi achub ei groen pan oedd mewn sefyllfa wirioneddol anobeithiol: oni bai amdana i ni fyddai sioe wedi bod y flwyddyn honno nac unrhyw flwyddyn arall, ond ei pherfformio a fu. Roedd gen i'r geiriau a'r gerddoriaeth i gyd wedi'u recordio ar ddau gasét a Florence yn gwybod bod yn rhaid iddo roi'i fachau ar y rhain gan nad oedd dim copïau eraill. Roedd arna i eisiau tynnu allan o'r holl beth. Roedd Rhydwen a fi wedi sgrifennu'r sgript ac roedd hynny'n ddigon i mi. Buasai'n dda i mi wrth yr arian a gawn i fel cyfarwyddwr cerddorol, ond am ba bris? Gorfod gweld Florence bob dydd, a f'ysbryd i'n rhoi cynnig ar ei heglu hi bob tro y deuai i'r stafell; roedd yr awyr fel petai'n tywyllu ac i ffwrdd â fi – 'Angen pi-pi,' meddwn i bob tro. Roedd Florence yn f'atgoffa o Mr Mocata, y satanydd yn nofel Wheatley *The Devil Rides Out*. Dwi'n cyfadde bod pethau ar bigau'r drain o bryd i'w gilydd. Mae yfed hefyd yn peri paranoia pan mae rhywun yn bryderus.

Ro'n i wedi hurio Richard Dunn, Arun Ahmun, Tich Gwilym, Noddy Gape, canwr synth o Gasnewydd, a Myfyr Isaac fel y band. Ro'n i'n mynd i ddefnyddio dau ganwr allweddellau, a defnyddio allweddell, organau a syntheseisyddion i greu sain gerddorfaol drwchus yn gefnlen i'r band trydan. Trafodais fy mhroblem am hydoedd â Gwenllian, oedd yn ymwneud llai â *Dic Penderyn* nag â chynyrchiadau Gŵyl Caeredin. Yn y diwedd meddwn i, "Dwi allan ohoni. Twll tin Florence. Gân nhw fynd â hi oddi arna i nawr". Felly rhoddais y tapiau i Florence gan wybod, y tro nesa'r awn i i'r capel, y cawn i nghyflog ola, a blaen esgid. Roedd hi'n bechod mewn ffordd: erbyn hynny roedd gen i lun clir a phendant iawn o'r ffordd orau o wneud y sioe. Ta beth, y naill beth neu'r llall oedd piau hi a bellach, fi oedd yr un yn llercian yn y fflat trwy'r dydd yn llaesu dwylo. Roedd hyn yn fêl ar fysedd Florence – mae hen bobol filain 'run peth bob amser, fel petai trafferthion pobol eraill yn fêl ar eu bysedd nhw!

Ymarferwyd y sioe yn adeilad yr Urdd ar ben Conway Road a byddai llawer o'r chwaraewyr yn galw heibio i mi ar ôl ymarferion i roi gwybod i mi be oedd yn digwydd. Dwi o'r farn fod rhai ohonyn nhw'n meddwl eu bod nhw'n ceisio nghysuro i, ond do'n i ddim yn drist. Rhyddhad oedd bod ymhell o olwg y dyn tywyll.

Ymhen hir a hwyr daeth popeth at ei gilydd. Roedd pawb yn sôn am y sioe a'r ddau dŷ yn y New Theatre wedi gwerthu pob sedd. Es i weld yr ail sioe (o'm hanfodd – doedd arna i ddim eisiau gweld Florence yn cael y clod am rywbeth nad oedd a wnelo fawr ddim ag e). Mae gelod felly bob amser ym myd y celfyddydau; does dim

diwedd arni. Roedd 'da fi rhyw deimlad annifyr ynghylch
Dic Penderyn o'r dechrau'n deg. Ond roedd y cyffro ges
i o weithio gyda Rhydwen – rhywbeth ro'n i'n meddwl
na chawn i fyth mo'r cyfle – yn brofiad bythgofiadwy a
goleuedig. Bendith Duw arnat, frawd, lle bynnag yr wyt
ti!

Roedd *Dic Penderyn* yn garreg filltir yn theatr fodern
Cymru ac fe'i canmolwyd i'r cymylau. Petawn i ond wedi
gallu gwneud hynny er mwyn Wilbert Lloyd Roberts, a
sylfaenodd y theatr fodern broffesiynol yng Nghymru ar
ei ben ei hun bron â bod, oherwydd, ys dywedodd Martin
Luther King, 'I have a dream'. A does dim dwywaith nad
oedd gan Wilbert freuddwyd!

Craith y Garreg Ddu, Recordiau Tic-Toc, Caneuon Cynnar a sesiynau Farnham

ROEDD HI'N DECHRAU MYND yn fain arnon ni eto ond roedd y parti yn 55 Conway Road yn dal i fwrw mlaen. Erbyn hynny roedd dau hen drempyn musgrell wedi dod trwy'r ffenest rywsut ac yn cael gwin a chinio gan fy 'ffrindiau' bondigrybwyll i. Nid pawb sydd wedi cyfarfod trempyn go iawn yn y cnawd: mae tramps yn ddiarhebol o feudwyaidd ac yn ymgilio o gymdeithas am ryw reswm neu'i gilydd. Fel arfer dydyn nhw ddim yn cymysgu â phobol sydd heb fod yn dramps, na chwaith yn cyfeillachu rhyw lawer â'u hil eu hunain – pererinion go unig ydi tramps go iawn. Doedd dim dwywaith mai tramps go iawn oedd y ddau yma. Ymhen tipyn, tra o'n ni allan, draw yn y Conway mwy na thebyg, daeth y tramps yn eu holau a lladrata oddi arnon ni. Dwyn tlysau Gwenllian oedd mewn bocs bach arian pur; roedd un o'r modrwyau wnes i o un o feini gwerthfawr Johnny Opal yn y bocs. Mae gofyn bod â'ch llygaid yng nghefn eich pen pan fyddwch chi'n cadw'r drws ar agor led y pen, felly gochelwch rhag tramps cyfeillgar!

Ers tro, roedd arna i eisiau sgrifennu rhywbeth fel opera fodern, ond ar ffilm neu fideo fyddai f'un i. Roedd 'da fi beth ro'n i'n meddwl oedd yn syniad da, felly sgrifennais i grynodeb. Fel hyn roedd yn mynd: yn y dechrau roedd y chwarelwyr llechi yn chwarel y Penrhyn, Bethesda, gogledd Cymru yn ei chael hi'n ddrwg dan law'r perchennog, yr Arglwydd Penrhyn. Cyfalafwr diegwyddor, nad oedd diawl o ots da fe am y ddynoliaeth. Roedd y chwarelwyr, eu gwragedd a'u teuluoedd yn byw mewn cyflwr ciaidd, y cyflogau'n isel iawn a'r gyfundrefn ffeirio'n rhemp. Siop y cwmni oedd yr unig le gallai'r gweithwyr brynu eu bwyd a'u nwyddau angenrheidiol. Roedd y rhan fwyaf o deuluoedd y chwarelwyr bob amser mewn dyled i siop y cwmni. Yr Arglwydd Penrhyn oedd piau'r chwarel a siop y cwmni, felly doedd y gweithwyr fawr gwell na chaethweision. Roedd hyn yn digwydd trwy'r byd yn grwn yn ystod y Chwyldro Diwydiannol – mae'n dal i ddigwydd yng ngwledydd y trydydd byd. Roedd hi'n dilyn y byddai yna anniddigrwydd, streiciau, pobol yn eu cannoedd yn marw o afiechydon, newyn, diffyg maeth ac yn y blaen. Dioddefwyr uniongyrchol y tlodi diwydiannol.

Stori obeithiol oedd fy syniad i, lle mae'r ysbryd mawr yn delio cardiau da i o leiaf un o'r eneidiau coll yma. Es i weld fy nghyd-wlades, Ruth Price, yn y BBC, a wrandawodd yn astud arna i, fel arfer. Roedd hi'n gwybod yn iawn beth oedd fy ngallu fel cyfansoddwr ac yn y man daeth o hyd i arian er mwyn datblygu sgript. Nid felly y bydda i'n gweithio a dweud y gwir, am ei bod hi'n well 'da fi roi trefn ar y broses yn fy mhen, fel syms, yn y pen yn gyntaf. Yn ddiweddarach, canais rai o'r caneuon ro'n i wedi'u sgrifennu iddi a phrynodd hithau'r sioe. Yr adeg honno, a dweud y gwir y rhan amlaf, ro'n i'n rhyw *persona non grata* yn y BBC. Mae yna ryw fath rhyfedd o haerllugrwydd yno, yn agos iawn i'r wyneb; hwyrach ei fod yn wleidyddol i raddau helaeth, neu'n gulni affwysol un garfan sydd bellach yn meddwl ei bod hi'n etholedig. Ro'n i hefyd yn gwybod yn iawn sut ro'n nhw wedi trin Dylan Thomas, un o'n beirdd mwyaf, a'r fath fynd arno ers ei ymado â'r fuchedd hon. Ond dyna'u ffordd nhw, a does fawr ddim wedi newid ers hynny. Treigl amser, daw tro ar fyd, ond nid yn y BBC. Rywsut neu'i gilydd sgamiodd Ruth Price i mi gael defnyddio stiwdio Stacey Road, ynghyd â Des Bennett y peiriannydd sain da. Cerddoriaeth oedd pethau Des ac yn ôl pob tebyg ef oedd eu peiriannydd sain gorau nhw. Hefyd fe symbylodd ei ferch, Fiona Bennett, i astudio cerddoriaeth ac i fod yn gantores ac yn gyfansoddwraig broffesiynol.

Dameg oedd 'Hirdaith yw hi', heb fod yn annhebyg i *The Canterbury Tales*, neu hwyrach yn fwy fel *The Pilgrim's Progress* Bunyan heb y croesau, y crysau rhawn, y sachliain a lludw a duw. Mewn hen eglwys wedi'i datgysegru oedd y stiwdio yn Stacey Road, ffordd ddeiliog gyfochrog â Newport Road ar ochr ddwyreiniol y ddinas. Roedd yr offer fwy neu lai o'r math diweddaraf – dau recordydd wyth trac roedd Des wedi'u haddasu'n ddeheuig, gan roi lle i recordio ar yr un pryd ar un trac ar bymtheg. "Wnaiff hyn y tro i'r dim," meddwn i wrth fy modd. Roedd yna biano cyngerdd Bechstein hefyd ac organ Hammond C3.

Bellach, roedd arna i angen band. Gan fod y gwaith yn cynnwys llawer o wahanol ffurfiau cerddorol, megis canu gwerin, cerddoriaeth eglwysig, jazz a chanu'r felan, roedd hyn yn dipyn o broblem. Roedd cerddorion da aml eu doniau'n brin yng Nghymru, a'r rhan fwyaf o gerddorion addawol yn ei chychwyn hi ar eu pennau am Lundain a rhannau eraill o'r byd. Mae cerddorion sy'n aros yng Nghymru'n dueddol o grebachu a marw ymhen tipyn, oherwydd yr agwedd blwyfol: nid swydd go iawn mo canu offeryn oni bai eich bod chi'n digwydd bod yn canu mewn cerddorfa symffoni neu, yn achos Tom Jones neu Shirley Bassey, wedi gwneud eich ffortiwn yn canu. Mae holl ddadeni cerddoriaeth fodern wedi'i seilio a'i gynnal ar feithrin amaturiaid. Ychydig iawn o bobol sydd yna fel fi, Heather Jones, Myfyr Isaac a Caryl Parry Jones sy'n broffesiynol ac yn ennill ein tamaid dim ond trwy gerddora.

Ges i air â Bernard Harding, oedd yn bianydd ac organydd jazz disglair. Roedd hefyd yn un o aelodau clwb yfed 55 Conway Road. Awgrymodd Bernard mod i'n cymryd canwr allweddellau ifanc oedd bron yn anhysbys, Richard Dunn. Do'n i ddim wedi ei glywed ond fe'i huriais beth bynnag ar argymhelliad Bernard. Ro'n i'n nabod ambell i gerddor o hen ddyddiau'r band jazz New Orleans oedd yn dal i chwarae a jolihoetian o gwmpas tafarnau a chlybiau dinas Caerdydd. Mae yna ran yn y ffilm pan ddaw ein harwr ni ar draws criw o garcharorion du eu croen wrth iddo deithio trwy Mississippi. Mae'r carcharorion yn canu cân weithio o'r enw 'O Rosie'. Yn y 40au y gwnaed y recordiad gwreiddiol, gan Alan Lomax yn Mississippi State Penitentiary yn Parchman Farm ac mae'r gân ar yr albwm gwych *Murderers' Home*. Roedd 'da fi ffrind a'r union lais gydag e ar gyfer hon, sef Laverne Brown; ro'n i yn ei nabod ers iddo ganu mewn deuawd gyda'r drymiwr Phillip Suarez yn y Casablanca yn ymyl James Street yn nociau Caerdydd.

Chwaraeodd y jazzwyr ddwy neu dair cân, emyn Negroaidd 'Lord, Lord, you sure been good to me', 'The Saints' a chân offerynnol o'r enw 'St Phillip's Street Breakdown'. Roedd y rhain i gyd yn ganeuon cyfarwydd yn New Orleans ar droad y ganrif. Gawson ni hen hwyl a hanner y prynhawn hwnnw. Mae jazz New Orleans bob amser yn codi gwên ar yr wyneb ac yn codi awydd dawnsio ar y corff. Fydd jazzwyr byth dim ond yn canu; yfed yw'u pethau nhw ac maen nhw bob amser yn dod ag o leiaf hanner dwsin o gesys o gwrw i'w canlyn, os nad casgen. Canodd ffrind arall i mi – ers talwm byd, sy'n anhysbys – 'Vicksburg Blues' ar ei gitâr dur National Duolian. Hen gân offerynnol atgofus o waelod calon ydi 'Vicksburg Blues'. Fi sgrifennodd y rhan fwyaf o'r gerddoriaeth arall, yn arbennig ar gyfer y ffilm: cylch o ganeuon oedd yn pennu'r cywair ac yn adrodd hanes y chwarelwr coll yma o Gymro yn chwilio am wirionedd, dyngarwch, tosturi a rhyddid, ddiwedd y bedwaredd ganrif ar bymtheg a dechrau'r ugeinfed. Troad canrif.

Ar ôl tri mis i mewn a mas o'r stiwdio ac yn bwrw iddi yng nghartref tawel fy ffrind Fiona Fleming, yn Swydd Henffordd, ro'n i wedi gorffen, yn hapus, ac yn teimlo mod i wedi cyflawni rhywbeth da a chryno. Yng ngeiriau Bob Dylan, "Right on target so direct". Gwaetha'r modd, aeth Ruth Price yn wael a bu am fisoedd lawer yn cael ei chefn ati. Yn y man gorfu iddi ymddeol. Claddwyd 'Hirdaith' heb fynd fyth ymhellach na'r trac sain wedi'i orffen a hyd y gwn i, naill ai mae e ar goll neu mae'n hel llwch mewn rhyw ddrôr angof rhywle yn Llandaf.

Roedd hyn yn siom fawr i mi. Doedd dim amdani ond rhoi'r ffidil yn y to. Yn ôl i'r dechrau amdani felly. Roedd fy ffrindiau i gyd ar hyd y dre'n gwybod am y recordiadau, rhai wedi clywed *demos* a hyd yn oed y caneuon yn eu ffurf derfynol. Roedd Gwenllian wedi clywed y cwbl wrth gwrs a hithau yn y rhan fwyaf o'r sesiynau recordio. Ro'n i wedi cael llond bol ac mewn hwyl recordio mwy fyth o ganeuon yn stiwdio Stacey Road, felly dyma benderfynu cychwyn cwmni recordio o ddim ac i ffwrdd â ni. Heb ddime goch y delyn, a dim llawn llathen!

Cynigiodd Big Beryl fuddsoddi arian yn y fenter, chwarae teg iddi, ac i ffwrdd â ni at gyfrifydd a brynodd enw cwmni cyfyngedig, a rhoesom yr enw Recordiau Tic-Toc ar y cwmni. *Caneuon Cynnar* fyddai'r record gyntaf, deuddeg o'm caneuon cynnar wedi'u hailrecordio mewn stiwdio fodern; roedd hon yn freuddwyd y byddwn i'n sôn amdani'n aml ymhlith ffrindiau yn y busnes cerddoriaeth. Roedd y freuddwyd ar fin cael ei gwireddu.

Yn syth ar ôl 'Hirdaith' gwyddwn yn iawn y gallwn gael hwyl ar gynhyrchu albwm. Defnyddiais rai o'r un cerddorion, Roger Gape, basgrwth, Richard Dunn, allweddell, Arun Ahmun ar y drymiau, John Roberts, sacs tenor, a Heather Jones yn canu. Ar wahân i'r gwasgu a'r meistroli, yng Nghymru y gwnaed y cyfan. Tynnwyd y lluniau yn Conway Road, Geraint Jarman sgrifennodd nodiadau'r clawr ac argraffwyd y cloriau yn Romilly Crescent. Pan ddaeth y cloriau i law oddi wrth yr argraffwr, dalennau fflat o gerdyn oedden nhw ac roedd gofyn eu cyfosod nhw, eu tocio a'u glynu at ei gilydd. Felly, bob dydd, am yr Old Arcade â ni, a rhwng peintiau o S.A. recriwtio glynwyr cloriau albymau fyddai'n dod yn eu holau i Rif 55, tiwbiau o Evostick yn eu dwylo ac yn glynu cloriau weddill y prynhawn am gyflog o lond gwlad o ddiodydd a mwg drwg. Glynwyd mil o gloriau, a chyn pen dim cyrhaeddodd y recordiau o Lundain, rhoddwyd y testun a'r pethau mewnol yn eu lle ac roedd 'da ni gynnyrch. Y cwbl roedd gofyn i ni'i wneud bellach oedd eu gwerthu nhw ac roedd hynny'n hawdd. Ro'n nhw'n gwerthu fel slecs a'r albwm yn cael ei chwarae byth a hefyd ar radio'r BBC, yn enwedig 'Gwely Gwag'. Mae *Caneuon Cynnar* yn werth ei gasglu erbyn hyn ac fe welwch chi e'n cael ei werthu ar e-Bay am dri chan punt a mwy. Roedd Recordiau Tic-Toc ar eu traed.

Albwm o ganeuon gwreiddiol Saesneg fyddai'r cywaith nesaf. Ro'n i wedi sgrifennu'r rhan fwyaf o'r caneuon yn 55 Conway Road. Roedd cael byw gyda Gwenllian bob amser yn ysbrydoliaeth fawr i sgrifennu a pheintio. Sgrifennais rai o'r caneuon ar daith gyda hi a rhai yn y stiwdio tra oeddwn i'n recordio. Gitarydd y felan, Andy Firbach, ro'n i'n ei nabod o gwmpas y clybiau yn Llundain, oedd piau'r stiwdio ddewisais i, ac roedd hi yn nhref farchnad fach Farnham yn Surrey. Jacobs oedd enw'r stiwdio, ar ôl gyrr o ddefaid Jacob oedd yn byw yn y caeau o'i chwmpas. Hen blasty Jacobeaidd oedd e wedi'i addasu at y diben a lle i aros, fel gwesty, a chyfleusterau recordio yn y stablau wedi'u hailgynllunio a'u hailwampio. Bryd hynny roedd hi'n ffasiwn gan fandiau Llundain fynd i'r wlad. Dwi'n meddwl mai Rockfield yn Nhrefynwy oedd y stiwdio wlad gyntaf, a gychwynnwyd yn y chwedegau gan Charles a Kingsley Ward. Gwnaeth Dave Edmunds ei recordiau cynharaf yno.

Penderfynais ddefnyddio mwy o gerddorion lleol, y rhan fwyaf ohonyn nhw wedi chwarae mewn band o'r enw Racing Cars a gafodd un hit 'They Shoot Horses Don't They'. Ro'n nhw wedi gweddnewid i fod yn fand R&B tan gamp, The Cadillacs, a Lyn Phillips, hen ffrind, ar y blaen, ar delyn y felan ac yn canu. O Gwm Rhondda ro'n nhw'n hanu. Roedd Lyn Phillips yn ymroddedig i'r cywaith ac yn gaffaeliad mawr. Mewn stiwdio yn perthyn i Mike Blanche, mewn hen dŷ fferm ger Pen-y-bont ar Ogwr, y bydden ni'n ymarfer. Y band oedd Graham Williams, gitâr; Ray Ennis (Alice), gitâr llithr; Pete Hurley, gitâr bas; Dodo Wilding, drymiau; a Tony Lambert ar yr allweddell a'r acordion. Roedd Rubble

Roberts yn canu'r sacs gyda George Khan, dyn sesiwn o Lundain oedd hefyd ar y tenor. Mike Santos, hen fêt arall o Tiger Bay, a sylwodd ar George mewn gìg un noson – "Rhaid i ti gael y brawd 'ma!" Ac roedd hynny'n wir i Dduw! Wedyn aethom i stiwdio sain yn Surrey. Daeth Heather Jones a'i ffrind Sioned Mair heibio un diwrnod i ganu cefndir. Daeth Andy Firbank, perchennog y stiwdio, o hyd i beiriannydd yn Llundain, sef Ken Thomas, yn enedigol o Gaerfyrddin. Dyma impiad Cymreig o waed coch cyfan yng nghanol maestrefi gleision Surrey oedd yn drewi o arian.

Mike Blanche ei hun oedd yn recordio'r ymarferion yn ei stiwdio fach gartre shwl-di-mwl. Cyfres arall o sesiynau digri hyd at ddagrau – gallwn i sgrifennu comedi am y sesiynau hynny, a fuasai ymhell ar y blaen i'r ffilm *Blues Brothers* enwog. Roedd y band yn dân poeth. Roedd rhai o aelodau The Cadillacs newydd fod yn aelodau o The Incredible Alex Harvey Band. Bu farw Alex Harvey ym mreichiau Graham Williams a rhoi i Graham ei Gibson J45 gwreiddiol o ddiwedd y 50au, sydd ganddo fyth. Rwy'n nabod Alex Harvey ers byw mewn clwb yn Leicester Square yn Llundain lle ro'n ni'n rhannu dyletswyddau canu a gitâr. Byddem yn ymarfer gyda'r gitâr bas, y drymiau a'r gitarau, a'r cerddorion eraill yn ein cyfarfod ni yn stiwdio Jacobs. Gefn nos oedd yr holl sesiynau yn Jacobs, fel arfer yn dod i ben amser brecwast, tua'r saith, wyth 'ma. Wedyn byddai'r rhan fwyaf ohonom yn mynd i'r gwely. Roedd Gwenllian yno'n rhoi help llaw, felly hefyd Big Beryl, oedd yn rhoi help llaw mewn amryw ffyrdd – y lle'n heigio o gesys o win a wisgi. Cyfrannodd rhywun bum owns o Jamaican Bush, ac i ffwrdd â ni, bwgi fel cath i gythraul. Ar garlam gwyllt, fel mellten i bren ac yn bondibethma. Beryl yn gwneud ei gorau i roi ei phump ar Do-Do y drymiwr yn oriau mân y bore, yn chwifio'i ffon ac yn bloeddio yn ei hacen grand, 'Ble mae Do-Do?' Roedd Do-Do'n cuddio, ddim yn gwybod a oedd arni eisiau rhoi cweir neu am roi cnuch iddo! Wydden ninnau ddim chwaith. Ond gorffenom mewn pryd, ar ôl wythnos o lanast cerddorol. Daeth cantores pync o America heibio, Patty Paladin, 'run peth â The Ramones ond yn fwy dwys a chelf-a-chrefftus, fel Lou Reed. Cyrhaeddodd ar gefn Harley Davidson yn gwisgo lledr du. Ches i erioed wybod pam ond roedd hi'n nabod y peiriannydd sain a oedd, erbyn hynny, yn bur simsan. Dwi'n rhoi'r bai ar y Jamaican Bush! Ond roedd y bwyd yn wych; fe gaem ni loddestau bob nos cyn recordio, gloddest o frecwast o law'r *chef* preswyl, menyw hardd o Awstralia o'r enw Platypuss. Roedd y cerddorion i gyd wedi chwarae o'i hochor hi, yn arbennig Tony Lambert oedd newydd adael The Bonnie Tyler Band ond, yn nodweddiadol ohono, heb sôn gair. Mae'n fachan eitha swil pan nad yw y tu ôl i biano cyngerdd.

Yr unig berson nad oedd yn chwarae nac yn canu oedd Phillips ei hun, y brawd a drefnodd y band ac a oedd mor gymwynasgar trwy'r gwaith drwyddi draw, o'r dechrau i'r diwedd. Roedd Lyn yno'n rhoi help llaw, yn cael syniadau, yn ddolen gyswllt, yn tawelu Big Beryl pan âi dros ben llestri ac yn y blaen. Pan ddaeth hi'n bryd i Lyn ychwanegu ei delyn felangan at y traciau oedd wedi'u recordio ymlaen llaw, aeth i'r stiwdio a chês o harmonicas ganddo, rholiodd y tâp, dim siw na miw o'r stiwdio, y peiriannydd yn gyffro gwyllt wrth y cymysgydd ac yn gwneud ei orau glas i gael hyd i delyn Lyn. Dim yw dim. Ar ddiwedd y trac dyma ni i gyd i'r stiwdio i gael Lyn ar ei hyd ar lawr yn rhochian chwyrnu a'i bawen chwyslyd yn cydio'n dynn mewn Hohner Super Vamper. Roedd yn chwil ulw gaib a phan fydd Phillips yn cysgu does dim modd ar wyneb daear ei ddeffro, mi wn i'n iawn; dwi wedi gweld pobol yn rhoi cynnig arni ac mae pethau'n gallu mynd yn eitha cas! Dyma'i gario i'r gwely. Roeddem yn gadael fore trannoeth a doedd dim amser i'w recordio hyd yn oed petai yna wyrth ac yntau'n codi o farw'n fyw yn y fan. Felly doedd Phillips yr organ geg ddim ar yr albwm. Doedd ddim ar gael chwaith yn ystod yr wythnos ro'n i wedi cadw lle i gymysgu'r albwm. Does arna i fawr o eisiau clywed beth oedd gan ei wraig Jackie i'w ddweud wrtho chwaith – mae hi'n ddraig o ddynes.

Yr unig gân a recordiwyd gefn dydd golau oedd cân Victor Parker. Sgrifennais i'r gân yn ystod y sesiynau, ar ei gyfer e – roedd e'n un o'm harwyr gitâr cynnar, ac yn byw yn Loudon Square, Caerdydd. Roedd Parker, hen jazziwr du ei groen o Tiger Bay, yn annwyl gan bawb a dysgodd beth wmbreth i mi am ddifyrru. Tua diwedd y sesiynau ro'n i ar f'eistedd wrth biano yn y stiwdio yn ystod saib rhwng caneuon. Roedd hi wedi'r wawr a ninnau i gyd yn dechrau blino. Ro'n i'n sgrifennu geiriau mewn llyfr nodiadau a ngitâr ar fy nglin ar yr un pryd â chwarae tôn fesul nodyn ar yr allweddell, wedyn yn rhoi cynnig ar y cordiau gitâr yng nghywair D lon.

Disgynnodd y gân arna i fel manna o'r nefoedd, a'r geiriau hefyd. Mae hyn yn digwydd yn aml, rhywbeth wedi nhanio i am wn i, f'ysbrydoli os mynnwch chi. Roedd Tony wedi ymuno â ni, wnes i ddim sylwi i ddechrau. "Be di hwnna? Mae'n hyfryd." "Wn i ddim," meddwn i. Roedd Pete Hurley, oedd fel arfer ond yn eistedd yno'n smocio, wedi ymuno hefyd. "Cerwch i nôl Ken," meddwn i wrth rywun. Daeth Ken i mewn a dechrau ad-drefnu meics o'n cwmpas ni wrth i ni chwarae. Nid ymarfer mono, roedd hi fel petai'r gân wedi cerdded trwy'r drws a'n hawlio ni! Daeth y gân fel hud o'r gwynt. Daeth llais Ken trwy'r system sain-gyfeirio. "Well i chi ddod i wrando ar hwn."

Wydden ni ddim ein bod ni'n recordio. Am funud neu ddwy ro'n ni wedi cael ein cipio i ddimensiwn arall – o'm rhan i, dwi'n cofio bron dim am wneud y gân; dyna'r tro cyntaf i mi'i chanu erioed. O ble gebyst daeth llinell fel "Snow white, star black, blueful horns, rock on"? A dyna 'Rock on Victor' ar un cynnig.

O'n hanfodd y gadawson ni'r diwrnod hwnnw, rhai'n ymwasgu i'r fan transit gyfarwydd ac eraill mewn ceir, wedi blino'n lân ond wedi cael modd i fyw. Ro'n ni wedi creu cerddoriaeth dan gamp a chael andros o barti hefyd. Sut mae cymysgu creadigrwydd a phartïon, yr holl lŷsh a'r mwg drwg – ych a fi, meddech chi, allan â nhw i'w saethu gyda'r wawr! "Lle mae'r gìg nesa?" meddai Graham Williams.

Es i yn ôl i Jacobs wythnos yn ddiweddarach a chymysgu'r albwm gyda Ken Thomas, wedyn mynd ag ef yn syth i ystafell dorri Island Records yn Llundain. Mae cymysgu a thorri copi meistr mor fuan ar ôl recordio yn anghyffredin. Dyma pryd y dysgais i un o'r gwersi mwyaf gwerthfawr a bythol fel cerddor a chynhyrchydd recordiau. Wedi bod yn rhan mor agos-atoch o'r gwaith ar bob cam mae rhyw fath o fyddardod yn digwydd. Nid byddardod y glust fel y cyfryw, yn fwy fel tae'r rhan fwyaf o'ch teimladau chi wedi'u boddi gan y cwbwl, nid yn unig y sain ond anferthedd a grym yr hyn ry'ch chi wedi'i lunio. Y peth gorau yw rhoi'r holl beth o'r neilltu a gadael llonydd iddo, gwneud rhywbeth arall, mynd i ffwrdd ac ymagor i brofiadau eraill, ac wedyn mynd yn ôl ato.

Roedd amser yn brin a ninnau i gyd yn awyddus i weld diwedd y prosiect, y disg meistr yn ein dwylo, bargen wedi'i tharo â chwmni recordiau ar gyfer gwerthu, dosbarthu, cyhoeddusrwydd, cyhoeddi ac yn y blaen. A chofiwch ein bod ni'n anelu am y farchnad ryngwladol.

Roedd yr albwm wedi costio'r mymryn lleiaf o'i gymharu â'r gost yr âi cwmni recordiau mawr iddi am gynnyrch tebyg – £5,000 o'i gymharu â £50,000, hyd at £100,000. Hurt bost! Wn i. Ond ro'n ni wedi'i wneud am geiniog a dime!

Ar ôl gwneud y copi meistr fe wnes i ambell gasét at ddibenion cyfeirio atyn nhw a chyhoeddusrwydd. Chwaraeais i nhw i Ian Samwell a'r bobol yn Chrysalis, oedd yn eu hoffi. Ond y peth roddodd y farwol i ni oedd pync, Ffycin Pync! Yr unig gerddoriaeth roedd y cwmnïau recordiau mawr a diddordeb ynddo oedd ffycin pync. Johnny Rotten cachlyd a'i holl fêts baw isa'r domen. Wnaeth hynny ddim hyd yn oed taro mhen i: jôc oedd pync, ond nid i'r labeli recordiau mawr sy'n dilyn ei gilydd fel defaid, a mwy o arian 'da nhw nag o glem. Ffycin pync, pync pislyd, pync cachlyd. Roedd y gerddoriaeth yma, tapiau Farnham, yn hen ffasiwn!!! Tan hynny ro'n ni bob amser yn cyfeirio at yr albwm fel *The Farnham Sessions*. Tarodd Dave Reid, fy nghanwr gitâr bas gynt, ar enw tan gamp, *The Green Apple Quickstep*, yn golygu cyrraedd y tŷ bach o drwch blewyn yn ystod pwl cas o'r dolur rhydd. Dyna i chi synnwyr digrifwch Dave yn mynd dros ben llestri eto.

Bellach roedd 'da fi albwm o gerddoriaeth dda na allwn i mo'i werthu! Doedd gyda ni ddim o'r arian na'r modd i'w farchnata ein hunain – oes pys cyn y rhyngrwyd! Petaen ni wedi recordio'r albwm yn Gymraeg gwaith hawdd fuasai'i werthu. Eironi, trallod, gwiriondeb. Tynged!

Byddai ei chwarae ar yr awyr ar Radio Cymru wedi talu am yr albwm ymhen hir a hwyr. I bob golwg chlywid mo sesiynau Farnham fyth eto a dyna be ddigwyddodd, fwy neu lai. Ar wahân i bum cant o gasetiau a wnaed yn Nociau Caerdydd gan Dave Pierce yn 123 Bute Street,

i'w gwerthu ar daith yn Llydaw es i arni gyda'r Cadillacs
toc wedyn. A dyna ni i bob pwrpas. Y peth pwysig ym
myd recordio ydi mynd ar y trên tra mae'n mynd dow-
dow. Os nad y'ch chi ar y trên pan fydd yn dechrau magu
stêm, aros am drên arall piau hi. Ond ŵyr neb pryd mae
hwnnw'n dod a does yna ddim lliw na llun o amserlen.
Roedd *The Green Apple Quickstep* yn boen, efallai'n
wastraff – na, chreda i fawr. Anghofia i fyth mo'r cyffro,
y ffordd roedd y band yn chwarae, yr hwyl, y caneuon.
Synnwyr trannoeth. Siom unwaith eto yn fy ngyrfa faith
fel cerddor.

Pennod 15

Y Gorllewin Gwyllt!

Tua'r un adeg â'r digwyddiadau yn y bennod flaenorol roedd parti haf Solfach a Thyddewi yn ei anterth. Big Beryl ynddo hyd at ei thethi, un o'r ceffylau blaen fel petai. Roedd hi'n ras o hwyl a rhemp; ddeuai'r ardal fyth at ei choed yn iawn. Yr holl bobol iawn yn y lle iawn ar yr adeg iawn ac ar dân dros fynd. René Griffiths, gitarydd o Batagonia oedd yn enwog am ei farbiciws dull yr Ariannin ymhlith pethau eraill. Roedd René yn Romeo Lladin clasurol o Dde America ac roedd y merched i gyd wedi gwirioni arno. Y teledu oedd ei bethau ac ro'n i'n meddwl bod deunydd seren ffilm ynddo. Roedd Big Beryl wedi dwlu'n lân arno a daeth y ddau'n ffrindiau mawr. Y ras am René oedd un o'r prif destunau sgwrs, hel clecs hyd yn oed. Aeth Big Beryl i drafferth fawr i roi ei phump ar René, felly hefyd llawer o ferched, gan gynnwys Wendy, merch i ffermwr lleol oedd newydd farw a gadael hylltod o arian iddi y dechreuodd hi ei luchio o gwmpas fel petai'r byd ar ben. Rhaid na fu ganddi erioed y fath ffortiwn; dim ond pedair ar bymtheg oed oedd hi a newidiodd ei bywyd hi'n ddramatig ar ôl y gelc fach yna.

Roedd Wendy'n un o hoelion wyth y partïon cyn hynny, ond yn sgil yr etifeddiaeth fe'i lluchiwyd hi i ganol y llwyfan lle rhoddodd hi gynnig go dda ar fod yn Scarlett O'Hara. Roedd digwydd bod cast tan gamp yna ar y pryd ac roedd cyffro partïon yr haf ynddon ni i gyd. Rod Evans, cyn-beilot awyrennau bomio V wedi ymddeol, oedd landlord newydd y Royal George Hotel yn edrych dros y bae ar ben gallt Solfach. Roedd wedi codi feranda ac roedd yr olygfa gyda'r gorau yn y pentre. Roedd y patio hwnnw'n werth y byd ar gyfer llond gwlad o hwyl a sbri'r haf, barbiciws a thoreth o slochian a misdimanars eraill. Ychydig o ddillad oedd gan y rhan fwyaf o bobol amdanynt, bicinis a dillad ymdrochi oedd yn mynd â hi. Roedd y landlord hefyd yn foi am barti, a'i ddwy ferch hardd hefyd, y byddai un ohonyn nhw'n treulio cryn dipyn o amser yn llofft fy mrawd iau yn nhŷ Mam yn chwarae recordiau Neil Young, yn yfed jìn ac yn dobio. "Be maen nhw'n ei neud 'na'r holl amser 'ma? Adrian, 'nei di droi'r gerddoriaeth gythral 'na'n is!" (Yn gweiddi o droed y stâr). Roedd y gerddoriaeth mor uchel fel na allech chi glywed sbrings y gwely'n gwichian. Byddai'r ynfytion hyn mor feddw weithiau fel y bydden nhw'n siarad lol botes maip ac yn chwyrnu ar bobol yn y dafarn. Roedd 'na gyffuriau ar hyd y lle, a madarch hud hefyd yn eu tymor!

Roedd hi'n braf iawn ac yn boeth yr haf hwnnw felly ro'n ni'n cael blas ar lond gwlad o ddifyrion eraill iachach. Ffurfiwyd tîm rhwyfo merched; roedd y rhocesi'n ffit iawn ac yn hyfforddi'n galed, er gwaetha'r rafio a'r partïon trwy'r nos. Cafodd y merched rhwyfo lwyddiant mawr yn y regatas lleol a chyn bo hir roedden nhw'n trafaelu ymhell ac agos i gystadlu. Yn eu blodau ro'n nhw'n ddiguro ac yn y diwedd dyma ennill Ras Blaenau'r Afon ar afon Tafwys. Roedd y rhan fwyaf o'r bobol yn y cwmni'n gweithio mewn swyddi'n ymwneud â thwristiaeth, rhai'n ffermwyr neu'n bysgotwyr, yn ddiogyns glan môr ac yn *bathing beauties*. Ac ar y traeth y byddem yn treulio'n dyddiau, mas ar y bae neu ar gei Solfach. Roedd y nosweithiau wedi'u cysegru i Bacchws a Fenws, Bacchanalia modern a Big Beryl, Cristion â chalon pagan, yn achub ar bob cyfle i wireddu ei breuddwydion Bacchaidd.

Byddai Beryl yn aros ar gost go fawr yn y Warpool Court Hotel, hen blasty Baróc ger lan y môr yn Santes Non. Y brodyr Lloyd oedd piau'r honglaid yma, hwythau hefyd yn bartïwyr brwd a David Lloyd oedd meistr y ddefod. Ei gefnder John, hen ffrind ysgol i mi, oedd rheolwr y bar, yn codi bys bach ac yn cael blas ar roc a rôl. Roedd John wrthi'n agor ac ailstocio'r bar un bore. Roedd y bar ar bwys ffenestri Ffrengig, roedd hi'n amser brecwast a Beryl wrth fwrdd ar ei phen ei hun yn yfed potelaid o siampên. Roedd Beryl yn aflonydd, heb gael ei gwala'r noson cynt – felly'r oedd hi pan oedd dim byd yn digwydd a rhywbeth i fod i ddigwydd. Dim ond dyrned o deuluoedd preswyl yn cael brecwast cyn mynd i lan y môr am y dydd, neb yn talu fawr o sylw i'r bwten fach dew â gwallt piws oedd hefyd yn gwisgo gŵn hirlaes ddrud a siôl sipsiwn, yn slochian siampên yn drist ac yn smocio un Benson ar ôl y llall am ddeg o'r gloch y bore. Gwaeddodd nerth ei phen am "wyau wedi'u sgramblo'n ysgafn, os gwelwch yn dda". Roedd moesau Beryl yn ddi-fai hyd yn oed pan oedd hi'n feddw bob amser yn gwneud popeth dan haul i fod yn gwrtais ac yn gyfeillgar wrth farmyn a gweinyddesau. Dan chwythu fel gyrnat, a golwg gwneud drygau ar ei hwyneb, gadawodd ei bwrdd a cherdded ar ei ffon i'r bar, y plât o wyau wedi'u sgramblo yn ei llaw.

"Bore da, John," meddai. "Does dim blas ar yr wyau 'ma!"

Trodd John ei ben. "Mae gyda ni Tabasco a Worcester Sauce yma Beryl."

"Ydi Chartreuse gwyrdd yn gallu llosgi, John?"

"Ydi siŵr o fod," meddai.

"Llosga nhw, os gweli di'n dda!" meddai dan wenu o glust i glust yn fuddugoliaethus. A dyna fu. Gallai Beryl ei llancio hi gyda'r gorau, yn enwedig pan oedd hi wedi cael llond bol. Roedd hi'n fore, a John heb eto gael gwared ar ei ben mawr wedi'r noson cynt. Roedd digwyddiadau fel hyn at ddant ysbryd bohemaidd y brodorion; dyna un o'r rhesymau pam ddaeth Beryl yn enwog ac wrth fodd calonnau pawb yn y cylch. Roedd hi'n cael maddeuant am ymddygiad digon i ddychryn y saint.

Un noson rhuthrodd Wendy ar ei phen i'r bar seler yn Warpool Court oedd yn llawn rafins cefn nos. Roedd René Griffiths a Dai Lloyd yn canu'r gitâr a ninnau i gyd yn morio canu. "Ble mae Beryl?" Roedd Beryl wedi sgorio'r noson honno ac wedi dwyn perswâd ar weithiwr o'r gwesty dafliad carreg i lawr y ffordd i fynd i fyny i'w llofft (am joch). Roedd hyn wedi achosi tipyn o hwyl am fod Beryl yn ddeunaw stôn a'r dyn bach yn ddim ond deg stôn.

Pan gaeodd Dai Lloyd y bar tua thri o'r gloch roedd rhai o'r rafins yn awchu am fwy o lŷsh. Roedd hi'n rhy gynnar o lawer i fynd i'r gwely. Cynigiodd Wendy fynd i fyny i stafall wely Beryl lle gwyddai fod Beryl yn cadw celc preifat o jìn, wisgi a Cognac. Doedd Beryl byth yn brin o'r ddiod gadarn. Dyma fenthyg yr allwedd, i fyny â nhw ac agor y drws. Yno, mewn tomen o noethni ar y gwely, roedd y sglyfaeth wedi'i lapio yn Beryl o'i gorun i'w sawdl. Roeson nhw'u pump ar botel hanner gwag o Cognac oddi ar y bwrdd bach, dwy botel o claret ac ar fin gadael pan benderfynodd Wendy adael nodyn. Sgrifennodd hi'r nodyn â phìn blaen ffelt gafodd hi ar y bwrdd gwisgo – ar foch tin dde fawr Beryl. "Wedi cymryd benthyg lŷsh, cariad, welwn ni ti amser cinio yn y Farmers' Arms."

"Be os nad edrychith ar ei thin hi?" sibrydodd rhywun. Gafaelodd Wendy yn y pìn eto a'r tro yma sgrifennu ar fraich y sglyfaeth. "Gweler tin Beryl!" I ffwrdd â nhw dan biffian chwerthin a dwyn dillad y sglyfaeth yn y fargen. Clywsom sôn wedyn fod y sglyfaeth wedi cymryd y goes yn ddiweddarach y bore hwnnw ac fe'i gwelwyd yn sleifio i'r gwaith a dim ond tywel amdano. "Beth yw hwnna ar dy fraich di?" meddai rhywun.

Roedd gan fy ffrind Alan Jenks gwch bach Todd â motor allanol a byddem yn mynd i bysgota ynddo'n aml o gwmpas y glannau ac yn y bae. *Donna* oedd ei enw ar ôl ei ferch oedd wedi'i henwi ar ôl cân werin y byddai Al yn ei chwarae o gwmpas y clybiau gwerin yn Llundain pan oedd yn llanc, gyda fy mrawd Martin sy'n gitarydd da ac oedd yn ffrind gorau Alan yn yr ysgol. Weithiau byddem yn croesi Bae Sain Ffraid a'n hofferynnau cerdd gyda ni ac yn dwyn cyrch ar bentrefi Aber Mawr ac Aber Bach, weithiau'n aros am wythnos, yn pysgota liw dydd, gwerthu'r pysgod ac yn cerddora yn y tafarnau liw nos. Doedd hyn yn costio'r un ddimau goch i ni; gaem ni'n gwala o lŷs a'r tafarnwyr yn talu i ni hefyd!

Roedd cae yn Aber Mawr o'r enw Cae'r *Chalet*, y tu ôl i'r tai oedd ar hyd y traeth tywod llydan. Mae'r cae dan gysgod ynn a masarn trwchus, eithin a helyg ac roedd yno *chalets*, hen garafannau a wagenni trenau segur. Roedd hyd yn oed hen gerbyd teithwyr yna, diolch i Great Western Railway, yn y lliwiau hufen a brown cyfarwydd, a dolenni drysau mawr pres. Roedd y rhain yn gartref i wladfa o hipis. Roedd croeso i Al a fi yno bob amser, llawer o'r hipis yn canu'r gitâr, a byddem yn mynd â rhai ohonyn nhw mas i bysgota ac yn rhoi llond gwlad o fecryll iddyn nhw a nhwythau'n eu coginio nhw ar danau fin nos. Byddem yn cerddora drwy'r nos, yn yfed gwin a seidr ac yn smocio'r 'gwellt' cartre oedd ganddyn nhw.

Ar ôl diwrnod neu ddau byddem yn gwasgu i mewn i'r *Donna* ac yn ei chychwyn hi'n ôl ar draws y bae i Solfach. Dim ond tua deg, ddeuddeg milltir – mordaith fach hyfryd, anghofia i fyth mohoni. Erbyn i ni gyrraedd adre byddai'r cwch yn llawn pysgod eto yn barod i'w rhannu yn y pen arall. Mae mecryll yn bysgod breision, maethlon iawn – rhaid bod yna gant o wahanol ffyrdd o baratoi sypyn o fecryll newydd eu dal, wedi tynnu'u perfedd a'u hesgyrn. Mecryll am ddim, tatws newydd Shir Benfro a madarch cae am ddim, wedyn tarten fwyar duon wedi'u casglu â llaw. Y gost? Dim dimau goch y delyn!

Yng nghanol Bae Sain Ffraid ganol mis Gorffennaf, mae'r môr yn eitha tawel. Nid fel llyn llefrith, chwedl y bobol leol, ond yn tyner siglo oherwydd ymchwydd y môr lle mae mor ddwfn. Mae'r wyneb gloyw yn llygad yr haul yn symud mor dyner fyw, prin i'w weld na phrin i'w deimlo yn y cwch sy'n symud heb adael prin ôl na thon flaen. Heddwch a thawelwch nefolaidd, dim gwynt, y môr yn ddrych perffaith o'r awyr las a modd gweld tua deg troedfedd ar hugain i lawr i ddyfnderoedd gwyrdd dwys. Weithiau mae pysgod i'w gweld ond ar ddiwrnodau heulog mor dawel â'r rhain maen nhw'n dueddol o nofio'n ddwfn. Mae sglefrod môr i'w gweld yn amlach, rhai'n anferth, yn dryloyw, lliw hufen, yn frith o frown a thendrilau gwynion hir tuag wyth neu ddeg troedfedd o hyd. Ymhellach draw mae glan ogleddol y bae o dan dawch crychdonnog fel rhith. Bum milltir o'r lan mae'r clogwyni, yr ogofâu, y traethau, y creigiau a'r trwynau i'w gweld yn glir ac mae sŵn y tir, yn hyfryd o dawel, i'w glywed yn y pellter. Dim cychod ar ein cyfyl ni;

maen nhw'n hwylio'n glòs i'r lan, ambell un i'w weld yn symud yn araf ar y dŵr ymhell i ffwrdd. Mae yna ogofâu dyfnion yn y clogwyni. Os gwnewch chi oernadu neu hwtian neu weiddi mae'r adlais yn dod yn ei ôl eiliadau'n ddiweddarach gan roi argraff anhygoel o amser a gofod.

Cychwynnwn ni hi am Ddinas Fawr gan droi i'r chwith tua milltir mas lle gwelwn yn glir y graig ddu yng ngheg porthladd Solfach. Mae gwaelod y cwch yn llithrig gan bysgod a fflagenni seidr gweigion, wedi'n digoni â heulwen, awyr y môr a chaneuon môr-forynion Bae Sain Ffraid. Wedyn i mewn â ni ar benllanw, clymu wrth y rhaffau angori yn wal y cei, diogelu'r cwch a'r motor, rhoi'r rhwyfau a'r llinynnau i gadw, rhaffu'r mecryll gerfydd eu tagellau yn sypiau gloyw o ddu, arian a lliaws o wawriau gleision. Wedyn lan y llwybr serth dan gysgod draenen wen, draenen ddu, ysgawen ac eithin i'r Royal George am beint neu ddau o gwrw Bass ac ambell i hanesyn i'w adrodd am y wibdaith i'r ochr draw. Dylai pawb fynd ar y wibdaith honno – hanesion gwahanol bob tro. Bendigedig!

PENNOD 16

Hen Hwyl a Hanner

YN 1978, RO'N NI'N byw mewn fflat â gardd yng Nghae-llenor, a Gwenllian wedi cael gwaith gydag Ymddiriedolaeth Archeolegol Gwynedd a gâi ei redeg gan ffrind i ni, archeolegydd ifanc disglair, greddfol graff, Richard White. Cloddfa achub olion Rhufeinig oedd hi, yn ymyl canol Caernarfon, ger gwesty'r Eagles, ar draws y ffordd i lle'r o'n ni'n byw. Roedd yna ddigonedd o dystiolaeth o ardal ddiwydiannol Rufeinig yno, yr ardal o gwmpas yr 'Hen Waliau'. Mae'r waliau Rhufeinig i'w gweld o hyd ar ochr chwith y ffordd i Bwllheli. Roedd ein fflat ni o fewn cyrraedd yr hen glwb rygbi ar lan Seiont islaw iet yr ardd.

Ro'n i'n teimlo fel petawn i ar brawf, a ninnau wedi ymwahanu'n lled ddiweddar yng Nghaerdydd; hawdd cynnau tân ar hen aelwyd meddir ond, wrth fy mod i'n sgrifennu nawr, dal i araf ddiffodd mae'n tân ni.

Yn rhyfedd ddigon, dyddiau dedwydd oedd y rhain. Roedd Caernarfon yn dre fywiog ar y pryd, digon o waith oherwydd y cynllun trydan dŵr enfawr yn Llanberis lle'r oedd criwiau o fwyngloddwyr yn tyrchu twneli o gopa'r mynydd ger Mynydd Llandegái lle mae yna lyn bach. Y bwriad oedd gadael i ddŵr y llyn lifo trwy dwnnel dwfn i yrru tyrbinau anferth islaw, gan gynhyrchu llond gwlad o drydan yn rhad iawn. Wedyn roedd y dŵr yn cael ei bwmpio'n ôl o Lyn Llanberis yn y gwaelod trwy dwnnel arall i ailgychwyn y cylch. Roedd miloedd o weithwyr yn byw yn y cyffiniau o bob cenedl dan haul. Heidiodd rhianedd y nos i Gaernarfon o Lerpwl, Manceinion, Birmingham ac yn y blaen i elwa ar y miloedd o ddynion diwyd oedd yn gwneud arian fel y mwg yno ac yn awchu am eu tamaid. Klondike Cymreig, allech chi ddweud.

Mae Eryri'n ardal boblogaidd gan ddringwyr a cherddwyr mynyddoedd, byth ers dyddiau Menlove Edwards, Mallory, wedyn Edmund Hillary a John Hunt, wedyn Joe Brown a Don Willans a 'drodd y sain i fyny' fel petai ac ysbrydoli cannoedd o ddringwyr yn ddiweddarach – Chris Bonnington, Mo Antoine, Doug Scott, Al Rouse, Eric Jones, Baz Ingle, Dougal Haston, Pat Littlejohn, Joe Tasker, Jim Perrin, Cliff Phillips, Pete Minx, Pete Crewe, Sam Roberts, Al Harris ac ymlaen â'r rhestr. Roedd y bobol yma'n rhai o'r arloeswyr yn torri cwys oes newydd o ddringo creigiau a mynyddoedd. Yn eu plith nhw roedd dringwyr o safon Reinhold Messner, i gyd yn rhoi tro am Eryri yn rheolaidd a rhai ohonyn nhw'n byw yno. Ro'n nhw i'w gweld yn aml ym mar y Blac Boi, gwestai'r Victoria a Llyn Padarn yn Llanberis. Ar un adeg roedd Harris a rhai o'i ffrindiau'n rhedeg caffi yn Llanberis, y ffau enwog Wendy's Caff oedd weithiau'n fwy peryglus na'r mynyddoedd.

Roedd y dynion hyn yn gaeth i ddringo a'r wefr maen nhw'n ei chael o fynd i'r afael â heriau peryglus, amhosib hyd yn oed. Ro'n i'n ddigon lwcus i ddod yn ffrindiau â llawer o'r bobol hynod yma. Roedd merched yn dringo hefyd oedd yn hafal i'r dynion. Llwybr yw llwybr – os ydych chi'n ddigon da i'w ddringo rydych chi yn y clwb, yn aml iawn y clwb dal y dorth y bell! Hanner y stori fyddai dweud bod unrhyw beth yn mynd â hi. Mae rhai o'r dringwyr yma ymhlith y bobol fwyaf anhygoel dwi wedi'u cyfarfod, a'r uchelfannau'n rhoi iddyn nhw wefr wahanol na allwn ni, feidrolion cyffredin, ei dychmygu.

Daeth Al Harris yn ffrind clòs. Dois i'w nabod yn well nag unrhyw un o'r lleill, a galw heibio ei dŷ'n aml. Cadwai ddrws agored, yn uchel uwchben bwlch Llanberis, ym Migil, yn ymyl Deiniolen. Adferodd Al a'i ffrindiau sawl un o'r hen fythynnod fferm mynyddig oedd wedi mynd â'u pen iddynt. Eu prynu nhw'n rhad a chan fod y frawdoliaeth ddringo'n aml ei doniau – llawer yn dowyr, seiri coed, plymeriaid ac yn y blaen – roedden nhw'n alluog i'w hailwampio nhw'n rhad hefyd. Do'n i ddim yn credu bod 'run ohonyn nhw'n gefnog ond ro'n nhw'n ddyfeisgar, yn gwneud pob mathau o gastiau i gyllido'u harferion dringo.

Roedd tŷ Al yng nghanol ardal fynyddig uchel, denau ei phoblogaeth. O'r tu allan golwg hen furddun cerrig oedd arno ond y tu mewn roedd fel clwb nos mewn cyrchfan sgio grand. Ro'n nhw'n chwarae o'i hochor hi a'r Bigil wedi'i addasu i'r dim ar gyfer partïon! Hwn oedd eu canolfan lle'r o'n nhw'n cynllunio'u teithiau dringo rhyngwladol, a herio sialens rhai o'r dringfeydd mwyaf ar y blaned. Mae'r dringwyr hyn wedi ailgodi a byw mewn cannoedd o adfeilion mynyddig. I fyny yno y byddan nhw byth, y mynyddoedd yn eu gerddi cefn – maen nhw'n gwirioni ar lefydd uchel. "If you wanna be high, get high!" meddai'r Dr Timothy Leary ers talwm.

Nid pawb oedd yn credu hynny, heb sôn am ddilyn ei gyngor; roedd y brawd wedi gorddosio ar LSD gormod o weithiau, ac eto, i lawer o gyffurgwn a chwilwyr ffurfiau uwch o ymwybyddiaeth, ef oedd archoffeiriad rhith-weld. Cythraul o Feseia a dau ddyrned o LSD! Meddyg oedd Leary a, 'run peth â Crippen, Frankenstein, Jekyll neu Livingstone, roedd yn granc. Nid yn unig y torrodd Leary a'i fêt Owsley'r ddeddf cyfrinachau swyddogol a thorri'r ffydd roedd eu cyflogwyr ym myddin UDA wedi ei rhoi ynddyn nhw, ond torrodd y ddau'r llw Hipocratig hefyd. O'u gwallgofrwydd nhw, yn hybu LSD fel cyffur meddwl-ymledol diogel ac fel cyffur hamdden derbyniol, yr aeth nifer o bethau ifainc gwyllt o'u coeau.

Fel hyn mae ei deall hi:

Un tro, ro'n i'n nabod alcoholig cronig – merch ifanc hardd, ddeallus wedi cael addysg. Erbyn hyn, llai na hanner ei afu hi sy'n gweithio. Mae'r organau eraill i gyd wedi'u heffeithio hefyd. Mae LSD yn difa celloedd yr ymennydd fesul miliwn, bob tro'r ewch chi ar drip. Yn union fel y mae alcohol yn difa'r afu a'r arennau! Mae'r rhan fwyaf o benwaniaid sy'n cymryd LSD yn rheolaidd yn datblygu'n sgitsoffreniaid, yn orffwyll-oriog. Fydd y penwan LSD na'r alcoholig fyth 'run peth eto. Mae'r alci rywfaint yn well ei le gan fod yr afu'n gallu atgynhyrchu i ryw raddau. Nid felly celloedd yr ymennydd! Gan hynny, un o ddywediadau eraill Leary: "Take it but take it easy"! Ei gymryd wnaethon ni, serch hynny!

Gwyddonwyr ymchwil oedd Leary ac Owsley, yn rhan o un o raglenni byddin yr Unol Daleithiau. Ro'n nhw'n ystyried posibiliadau defnyddio LSD fel arf yn erbyn gelynion posib, naill ai drwy griplo milwyr y gelyn drwy ddryswch a gwneud iddyn nhw weld pethau, neu i'w ddefnyddio ar wrthrychau holi – roedd pob math o bosibiliadau ar gyfer defnydd milwrol o LSD. Neu felly ro'n nhw'n meddwl. Roedd Leary a'i gyd-weithwyr wedi'u cynnig eu hunain i fod yn destunau arbrofion, felly erbyn iddyn nhw orffen am wn i eu bod nhw mewn tipyn o lanast. Does ryfedd bod llywodraeth yr UD wedi gwylltio'n gacwn pan ddeallon nhw fod eu harf dirgel yn cael ei werthu'n anghyfreithlon gan ddelwyr cyffuriau am elw enfawr i ieuenctid America. Neu a oes 'na stori arall?

Taw piau hi! Erbyn hyn rydym yn nhafarn y Bull, Deiniolen, Eryri, mae hi'n gynnar gyda'r nos a dwi yng nghwmni dringwyr, eu cariadon a'u gwragedd, yn hamddena dros beint neu ddau o Marston's Pedigree. Mae pobol yn crwydro i mewn, bob yn ddau a thri, pawb yn feddw ar rywbeth neu'i gilydd. Mae'r penboethiaid dartiau yn y bar arall yn ei rhoi hi'n arw i'r brodorion ond mae'r awyrgylch yn ysgafn ac yn groesawgar – mae yna groeso yn y bryniau. Erbyn hanner awr wedi deg mae'r lle dan ei sang, dim hualau, dim gofyn gwylio pob gair, pawb yn cael hen hwyl a hanner ond yn gwrtais ac yn barchus, er eu bod nhw'n fohemaidd ac yn adar rhyfedd. Mae'r naws yn gynnes, yn gartrefol, ond yn wyllt hefyd a gallai fod yn farwol! Anaml y sonnir am farwolaeth. Hen elyn ydi marwolaeth, yn llechu yn y pellter.

Harris, yn fwy chwim na neb, y llywydd dros dro, gwên fawr lawn dannedd o glust i glust, milgi dynol yn llamu o gwmpas yr ystafell ar goesau lastig, yn eu tanio nhw, yn gwneud i ni chwerthin, yn codi peintiau o gwrw, heb fecso taten, yn ei elfen. Mae hi'n barti, mae yng nghanol ei ffrindiau, eneidiau hoff cytûn. T E Lawrence yw e, D'Artagnan, Tommy Farr, Francis Drake, Jesse Owens, Roadrunner, Syr Galahad, Alecsander Fawr! Wedyn mas i'r stryd, yn feddw gaib, wedi'n lapio yn yr awyr felfed ddulas uchel. Gan hongian wrth ein gilydd, dyma'i chychwyn hi i fyny'r allt tua Bigil, matsys yn tanio, Zippos yn fflachio, tanio mwy o smôcs mwg drwg. "Noson braf," meddai Al dan chwerthin, a'i wyneb yn edrych lan tuag at leuad llawn disglair. A'r peth nesaf, lan â nhw ar y mast teledu ar y graig, yn hwtian fel plant ar ffrâm ddringo. Gêm fawr yw hi i gyd ac mae'r tŷ'n llawn dawnswyr, goleuadau strôb, Lucy Jordan, dringwyr, Eagles a merched ysgol meddw.

Dwi'n deffro ar y llawr, mae hi'n fore, y tŷ'n dawel, pobol yn siarad yn ddistaw yn y gegin gefn fach, am lwybrau mynyddoedd a phroblemau ar y graig. Mae rhywun yn gwneud ymarfer corff, bysedd a bodiau'n cydio'n dynn mewn trawst to isel. Eraill yn cerdded rhaff ar gadwyn oedd wedi'i chlymu rhwng dwy goeden yn yr ardd. "Iawn," medd Harris yn uchel, "dowch i ni gael hwyl ta!"

"Dos i gachu," medd Minx, "dowch i ni fynd i lawr i'r Blac Boi." Mae Minx ar dân dros fynd, wedi bod yn nyffryn Yosimete yn California yn dringo am fis ac yn ysu am ei bachu hi!

Dyma lusgo pobol allan o'u gwelyau, llamu o'r tŷ i bump neu chwe char a fan sy'n rasio i lawr y lôn fynyddig gul fel cath i gythrel. Yng nghefn hen Ford Zephyr ry'n ni, yn gwneud 70 neu fwy a chwech o bobol ynddo, dim ffenestri, smôcs yn cael eu sugno eto a Harris yn dringo trwy'r to haul. Mae'n rhefru ar y bobol yn y ceir eraill, bron â bod yn dawnsio ar y to, yn oernadu "Traed dani, traed dani!" ar y gyrrwr. "Siapa hi er mwyn Duw!" mae'n sgrechian. Ceir yn magu gwib, pawb yn canu "Welcome to the Hotel California". Dim stereo, dim ond sgerbwd y car sydd yna, dim brêcs chwaith. Cyn codiad haul ei ddymchwel ar dân i chwarel dan ddŵr gerllaw fydd ei hanes. Mae'r osgordd yn sgrialu i Gaernarfon ar sgrech a phobol erbyn hyn ar doeau'r ceir i gyd. Neb yn becso'r dam, "Dim ond y dringwyr dŵl-al 'na sy 'na eto, ia!"

PENNOD 17

Y Blac Boi

MWSTWR O BEINTIAU O Bass yn cronni ar y cownter cul.
Ystafell hirgul ydi hi, ac iddi hen barwydydd gwenithfaen
moel, trawstiau derw duon; mae'n ganol dydd. Mae'r ddadl
am greigiau'n dal i fynd yn frwd, sôn am enwau dieithr,
Vetor, T Rex, Christmas Curry, Valerie's Rib, Dream of
White Horses! Iaith estron maen nhw'n ei siarad, yn
frith o ymadroddion Saesneg; enwau llwybrau dringo
enwog ydyn nhw i gyd, eu concwerwyr a ddringodd nhw
gyntaf wedyn yn eu henwi nhw! Mae Harris yn llamu
ar fwrdd a golwg astud arno ac yn siglo i'r pared. Nawr
mae'n gwneud y *splits*, ei freichiau a'i goesau ar led fel
Spiderman. Dyw'r landlord y tu ôl i'r bar yn dweud dim
gair o'i ben, hyn i gyd yn hen gyfarwydd iddo, a digon
o synnwyr digrifwch 'da fe; mae'r gwallgofiaid yma'n
yfed o'i hochor hi a bydd ei ddrôr arian yn llawn cyn pen
dim! Erbyn hyn mae tri pry copyn ar y pared, clogwyn
arall iddyn nhw'i groesi! O'u rhan nhw allen nhw fod
gannoedd o droedfeddi uwch y llawr, dy'n nhw'n becso
dim, yn dal i daeru. Mae yna dwristiaid yn cael cinio
wrth fwrdd rhwng y drws a'r lle tân, yn llygadrythu ar
Pete Minx, palff o ddyn nobl, yn penderfynu cymryd
llwybr uwch, nes at y nenfwd trawstiau pren, gan ennill
tir ar Harris sy'n syrthio dan regi ac yn tynnu'r boi arall
i lawr hefyd a hyrddiau o chwerthin a phob un ohonyn

nhw'n syrthio'n glec ar y byrddau, yn troi'r cadeiriau, a gwydrau'n torri'n deilchion ar lawr. Curo dwylo mawr. Y landlord yn edrych yn rhyfedd. Harris yn ei ôl wrth y bar a golwg mwrddrwg arno. "Strobri milcshêcs," meddai nerth ei ben a churo dwylo nerth esgyrn eu breichiau.

Mae'r bobol yma'n ddiawled, yn gelwyddgwn, yn gafflwyr, yn lladron, yn smyglwyr, yn gnychwyr rhocesi ysgol, yn gnafon o'r radd flaenaf, mewn cariad dros eu pennau a'u clustiau â'r uchelfannau, y peryg, y bod yno, rhai wedi'u lladd gan fynyddoedd, eraill yn eu haddoli.

Yn ôl yn Mato Grosso ein fflat mae hi'n hedd i gyd dan y ddaear, minnau'n bwrw iddi ar f'ymchwil i Arthur, yn erbyn pwy, ble a sut yr ymladdodd, pwy oedd e hyd yn oed. Ro'n i ar f'ennill o ran llyfrau at fy nefnydd. Roedd Gwenllian wedi'u hetifeddu gan ei thad, yr Athro Daniel. Pan ddaeth yr ymwahanu terfynol rhyngof i a Gwenllian dwi'n credu mai yn garej ei chwaer y daeth ffrwyth fy ymchwil i ben ac wedyn mynd ar goll, ta beth.

Roedd yr archeolegwyr wedi dod o hyd i ffynnon Rufeinig ddofn iawn yn yr ardd drws nesa. Daeth y cloddwyr o hyd i bob mathau o arteffactau diddorol, gan gynnwys esgyrn anifeiliaid, sandalau, crochenwaith a sbwriel hynafol arall. Tua diwedd un prynhawn ro'n i'n eistedd yn sgrifennu yn y fflat seler pan glywais i sŵn grymial rhyfedd a dyma deils y gegin yn chwyddo oddi tano fel pe bai trwy hud. O fewn eiliadau roedd y llawr wedi tyfu tethen neu din, wedyn ar ôl cyrraedd ei anterth tarodd andros o rech Rufeinig a barodd am ryw ugain eiliad. Pan ddaeth Gwenlli adre toc wedyn, dwedodd eu bod nhw wedi cyrraedd gwaelod y ffynnon.

Roedd goresgynwyr Rhufeinig bob amser yn llenwi ffosydd a ffynhonnau, ac weithiau'n chwalu muriau a mathau eraill o amgaerau yn ôl polisi milwrol. Un darganfyddiad diddorol oedd sgerbwd dynes Geltaidd wedi'i lladd gan ergyd ffyrnig i'w phen gan rywbeth trwm – carreg neu bastwn o ryw fath. Fe'i rhoddwyd mewn ffos a lenwyd wedyn, ac wrth ei hochr roedd cwpan yfed o grochenwaith Samiaidd wedi'i drwsio fwy nag unwaith â seliau plwm. Ro'n i'n te-imlo drama ryfedd yno. Mae'r rhan fwyaf o ddarganfyddiadau unigol yn bur ddiflas ond ar y cyd maen nhw'n tynnu llun diddorol o fywyd yn oes yr arth a'r blaidd.

Pennod 18

Al

Dyn gwyllt oedd Al Harris, dwi wedi sôn amdano eisoes, ond roedd hefyd yn berson hyfryd iawn er mai anaml y mae rhywun yn dod ar draws y cyfuniad rhyfedd yma o briodoleddau. Roedd ei fywyd yn gyflym, yn beryglus ac yn rhagweladwy fyr, er nad ar fynydd nac ar glogwyn, yn groes i'r rhan fwyaf o'i ffrindiau, y bu farw. Damwain car ddiddrama oedd ei ddiwedd yn 1976.

Roedd Gwenllian a fi'n siopa un bore Sadwrn yn Tesco Caernarfon. Yn sydyn ac yn ddisymwth daeth Al i'r golwg a dweud, "Dewch, 'ry'n ni'n mynd i barti pen-blwydd Nick Escott." Un o'r tîm Everest enwog hwnnw dan arweiniad Chris Bonnington oedd Escott, pan gyrhaeddodd Doug Scott ac un o'r sherpas y copa. Roedd Nick – do'n i ddim yn ei nabod ar y pryd – newydd droi'r deugain ac wedi agor siop offer dringo a chwaraeon yn Altrincham, Swydd Gaer. Roedd fan hipi Volkswagen yn refio'r tu allan, yn llawn pobol flewog yn smocio smôcs ac yn yfed o boteli. Fel arfer, roedd yr Eagles yn rhuo o gyrn siarad anferthol pum can wat a chyfartalwr seinydd bas stereo symudol Al, yr holl gybôl. I ffwrdd â ni fel cath i gythrel fel arfer, dwsinau o gasetiau mewn bwcedi plastig, parti ar y lôn. Cyrhaeddon ni ffordd breswyl dawel yn Altrincham ddeiliog sidêt a chael bod pawb yn y dafarn – tafarn wladaidd, gartrefol, llawn brethyn, a hen gonos yn sgwrsio'n ddistaw dros haneri o gwrw yn smocio baco pêr mewn cetynnau cyrliog. Presynnau meirch yn addurno dau drawst derw a phadelli poeth a thaclau coginio copr o'r oes o'r blaen ar hyd y parwydydd. Buasai gweld yr helwyr lleol yn ymgynnull o gwmpas y cwpan gwarthol yn fwy cydnaws na'r cyrch hwn o bobol flewog mewn jîns, trenyrs, cotiau croen oen a bŵts dringo. Roedd Al newydd ddarganfod sgrialfyrddau – newydd eu dyfeisio a ddim yn gyfarwydd iawn ar y pryd – ac i mewn ag e gan wegian yn simsan ar un ohonyn nhw ac yn gwenu fel gât. Wedyn, daeth Doug Scott a Dougal Haston a dau sherpa o Nepal yn eu dilyn. Roedd gan Scott goes a braich mewn plaster ac ar ffyn baglau, newydd ddod adre'n ôl o Anapurna lle'r achubodd fywyd cyd-ddringwr a'i glwyfo'i hun wrth lusgo'r brawd arall oedd yn anymwybodol i lawr y mynydd i ddiogelwch. Aeth hyn ymlaen tan fin nos a'r dafarn yn llawn o ddringwyr yn rafio. Ymhen hir a hwyr aethom i dŷ Escott.

Roedd yna ddisgo swnllyd iawn ond talwyd i'r troellwr a'i hel adref, fel y gallen nhw chwarae'u cerddoriaeth eu hunain. Syrthiodd neu lamodd rhywun trwy ffenest fwa anferth a rhwygodd Pete Minx ddrws mahogani trwm oddi ar ei golfachau – dim ond dawnsio ro'n nhw. Roedd tripwyr LSD dros y lawnt ym mhob man a'r rafio'n bwrw mlaen tan tua chwech o'r gloch y bore. Dim ond Gwenllian a fi, dyn tal pryd tywyll â barf, dwy ferch reit ddel a dringwr o'r Alban o'r enw Rob oedd yn dal ar ein traed, cyrff ym mhob man, felly awgrymodd Gwenllian, a hithau'n ferch ofalus, dwt, ein bod ni'n cymoni'r lle. A dyna fu, a chael hyd i botel o Glenfiddich tra o'n ni wrthi ac yn y diwedd eistedd, ei hagor a'i hyfed.

Ganol dydd bant i'r dafarn â ni i gyd eto, a'i chychwyn hi am Gaernarfon tua thri o'r gloch y prynhawn. Yr un daith yn union, y VW yn mynd ar hyd y ffordd cyn gyflymed ag yr âi, ond roedd y criw brith y tu mewn iddo'n dipyn distawach nag ar y ffordd yno, pawb wedi diffygio ar wahân i Harris a fynnodd sglefrfyrddio ar hyd canol y ffordd trwy Benmaenmawr yng nghanol traffig mawr y penwythnos. Mae cymaint o straeon am Al, dylai rhywun sgrifennu llyfr cyn i bopeth fynd yn angof! Efallai y gwna i!

Un tro, daeth dringwr hynod o brofiadol a phur enwog o America i aros ym Migil. Yn ôl ei arfer, trefnodd Al barti oedd ar fynd am wythnos neu fwy. Ymhen tipyn roedd yr Americanwr wedi cael llond bol ac fe'i clywyd yn dweud mai i ddringo y daethai, nid i feddwi a thripio drwy'r dydd a'r nos. Fe'i clywyd yn dweud hefyd ei fod yn amau gallu Al fel dringwr. Daeth Al i glywed am hyn ac ar y gair aeth â'r brawd i Glogwyn Du Arddu ar yr Wyddfa, sy'n cynnwys rhai o'r llwybrau anoddaf sydd ar y mynydd. Dewison nhw lwybr o'r enw Zukator, un llym iawn ac Al a arweiniodd, ag esgidiau pigfain am ei draed a chôt odro amdano.

Yn y gwely un bore roedd Gwenllian a minnau pan glywsom y newydd am farwolaeth Al mewn damwain car ar yr A5 yng Ngherrigydrudion. Roedd wedi mynd yn glec nerth ei olwynion i mewn i fan Ysgol Ddringo Plas-y-Brenin lle bu Al ei hun yn hyfforddwr ar un adeg. "Ble roedd e'n mynd?" gofynnais i fy ffrind Moosey Owen o Gaernarfon. "I barti, siŵr Dduw, be ddiawl ti'n feddwl?" Dyna Al i chi, parti oedd bywyd byth a beunydd, ac yn werth dim os oedd yn barti diflas, diflas, diflas. Aethon ni i gyd i'w amlosgiad ym Mangor, un o brofiadau mwyaf gwefreiddiol fy mywyd i. Pawb o fyd dringo yno, fe lefais i ar hyd y siaced felfed las oedd gan Gwenllian amdani'r diwrnod hwnnw.

Daeth diwedd cyfnod pan fu farw Al; anfynych wedyn
y gwelid partïon fel ei bartïon e, ac aeth Llanberis yn
ddistaw iawn – dim mwy o gìgs gyda'r Offspring Band o
Fethesda nosau Mercher yng ngwesty Llyn Padarn. Aeth
llawer o bobol dramor i lefydd fel Mynyddoedd Rocky,
Dinas Tahoe, Dyffryn Yosimete neu Chamonix yn Alpau
Ffrainc. Newidiodd dringo wedi hynny. Dyw dringwyr
heddiw ddim yn yfed ac yn bendant dy'n nhw ddim yn
rhoi cynnig ar lwybrau arswydus ar LSD na chocên fel y
gwnaeth Jim Perrin ac eraill.

PENNOD 19

Nos Du, Nos Da

RO'N I'N EI CHAEL hi'n anodd dygymod â'r ymwahanu
â Gwenllian. Yn ôl fy arfer, wrth reswm pawb, ro'n i
wedi mynd i lysho'n rhacs eto. Wedyn, ar ôl y ffair, mae
rhywun yn teimlo nad mynd ar y ddiod piau hi o dan
amgylchiadau fel hyn, nid dyna'r peth call i'w wneud a
rhywun wedi cael ysgytwad. Dim ond yn ddiweddarach
o lawer y des i sylweddoli hynny. Ar fy mhen fy hun y
byddwn i'n yfed fwyaf – dyw ffrindiau ddim yn hoffi gweld
eu ffrindiau mewn cyflwr truenus; hefyd mae ffrindiau'n
tueddu i ymgilio gyda'i gilydd, teimlo'n annifyr, heb
wybod beth i'w wneud. Nid yn annhebyg i arglwyddi'r
Normaniaid ym Mrwydr Bosworth, maen nhw'n aros i
weld sut mae'r gwynt yn chwythu a phan fydd y pledu
ar ben byddan nhw'n ochri gyda'r naill gyn-gariad neu'r
llall. Mewn sefyllfaoedd fel hyn mae'n debyg fod yn rhaid
i'r naill neu'r llall ysgwyddo'r bai. A minnau'n anffyddiwr,
dwi'n cael yr agwedd yma'n lol, 'run peth â'r syniad hurt
o bechod gwreiddiol!

Daeth yr ergyd olaf pan o'n i ar fy ffordd yn ôl o
benwythnos coll, wythnos goll, yn Iwerddon. Ro'n i'n dal
i hiraethu amdani'n uffernol, yn torri nghalon. Y peth
cynta wnes i oedd ei ffonio hi am dri o'r gloch y bore.
Gwyddwn i ble'r oedd hi, yn gwarchod y tŷ i ffrindiau i
ni, ac yn y gwely y bu'i diwedd hi gyda ffrind iddyn nhw o

Gaernarfon. Fel mae'n digwydd, yn y gwely gyda'r brawd oedd hi pan ffoniais i. Nid dyna'r tro cyntaf iddi chwarae'r ffon ddwybig, meddai hi wrtha i wedyn, ond dwedodd hefyd nad oedd hi ddim wedi bod yn anffyddlon, am fod ein carwriaeth wedi chwalu'n rhacs ac roedd rhaid i mi gydsynio, waeth sut ro'n i'n teimlo tuag ati. A dweud y gwir, a minnau wrthi'n sgrifennu y llyfr hwn, dwi yng nghanol sefyllfa debyg felly mae'n rhaid fy mod i'n wirion pan ddaw hi i'r merched. Nid Don Juan mohona i'n bendant! Collais arnaf fy hun ar y ffôn wrth gwrs a bygwth pob math o ddialedd erchyll ond ymbwyllais – do'n i ddim callach o biso yn llygad y gwynt. Cysgais yn nherfynfa'r fferi wedi colli'r trên a chael fy nghroesholi gan heddlu arbennig yn meddwl efallai mod i'n ddyn IRA, yn cysgu ar fainc yn yr orsaf drenau. Cociau ŵyn. Wrth lwc, roedd fy mhasbort 'da fi ac roedd y beth fach dinboeth fuaswn i gyda hi wedi mynd adre at ei mam – jôc. Beth bynnag, yn y diwedd, priododd Gwenllian y brawd ac ysgariad cas fu hi yn y diwedd. Fel'na mae hi ac fel'na bydd hi nes newidith hi! Daliais y trên nesa i Gaerdydd. Yno dwi'n byw o hyd, lle diogel a chyfeillgar i fod.

Trwy lwc daeth y bennod yma, trasiedi bersonol, yn ysbrydoliaeth. Yn y dyddiau hynny o dristwch torcalonnus pan o'n i bron â diweddu fy hun, deilliodd rhai o'r caneuon gorau dwi wedi'u sgrifennu erioed. Diolch i Gwenllian am hynny, ymhlith llawer o bethau eraill wnaeth hi i mi.

Arhosais gryn dipyn gyda Big Beryl yr adeg honno ac roedd y soffa hud yn wely braf, un dda i freuddwydio arni a phob amser diod noswylio a gwydraid neu ddau o win neu Cognac i'm deffro yn y bore cyn i ni gerdded i'r Conway i fynd trwy'n pethau weddill y diwrnod. Roedd Beryl yn anhygoel o garedig ac ystyriol ac mae'n ddrwg gen i am ei diflasu hi'n lân gydag un o'r caneuon ar record Christy Moore 'A Bunch of Thyme', "Always beware and keep your garden fair, let no-one steal away your time." Yn wir, yn fflat Big Beryl yn Conway Road y sgrifennwyd llawer o'r caneuon recordiais i ar f'albwm *Nos Du, Nos Da*. Da y cofiaf sgrifennu 'Erwan' a 'Bobby Sands' a 'Môr o Gariad' wrth y bwrdd yn lolfa Beryl, yr union fwrdd a etifeddodd Gwenllian wedi i Beryl ei adael iddi yn ei hewyllys. Yn nhŷ Gwenllian yng Nghaeathro y mae'r bwrdd erbyn hyn ond wn i ddim be ddigwyddodd i'r soffa hud oedd hefyd wedi ysgogi ambell don o ysbrydoliaeth.

Do'n i ddim wedi recordio ers blynyddoedd, ers *Gog* a dweud y gwir, ac roedd Recordiau Sain ar f'ôl i ers tro, ond yn ofer gan fy mod i o hyd ar y *cruise* crwydrol a ddim yn gallu cynnal sgwrs gall heb sôn am ddod at fy nghoed ddigon i weithio mewn stiwdio recordio. Yn y diwedd Dafydd Iwan ddygodd y maen i'r wal, ar ôl iddo glywed rhai o'r caneuon ac am eu cael nhw ar dâp. *Nos Du, Nos Da* oedd un o'r adegau prin hynny pan es i stiwdio â mwy o ganeuon nag oedd eu hangen arna i. Ac roedd y caneuon hyn wedi'u profi hefyd, amryw wedi'u darlledu a chael croeso cynnes, ac ro'n i wedi chwarae eraill mewn gìgs ledled Cymru. Des i ar draws Mark Jones, fy nghanwr gitâr bas ers chwarter canrif bellach, a awgrymodd ddrymiwr, Graham Land o Gaernarfon, a galwais heibio iddo i gynnig y syniad, a derbyniodd yn llawen. Bachgen o Aberystwyth, Anthony Griffiths, oedd y gitarydd arall. Ro'n ni'n ffrindiau ers blynyddoedd, ers dyddiau cynnar clwb gwerin Aberystwyth a gychwynnwyd yn yr Angel gan ffrind a gitarydd arall, Brian Moss, sydd bellach wedi marw, tristâ'r sôn, o dyfiant ar ei ymennydd. Mae Anthony yn stori ynddo'i hun, felly hefyd Brian Moss. Roedd y ddau wedi chwarae a chanu ar ben stryd mewn dinasoedd megis Paris, Antwerp, Amsterdam a llond gwlad o lefydd eraill na ŵyr dyn ddim amdanyn nhw. Ro'n nhw hefyd wedi chwarae gyda llawer o artistiaid canu gwerin a chanu'r felan sydd erbyn hyn yn enwog ac wedi codi yn y byd – heb sôn am godi bys bach!

Cadwyd lle ar gyfer sesiynau yn Stiwdios Sain, Caernarfon, at ddechrau mis Mawrth. Trwy gydddigwyddiad, yn y gaeaf dwi wedi recordio i Sain bob tro. Dyma adeg anwydau, ffliw, *bronchitis* a llu o anhwylderau eraill sy'n effeithio'n enbyd ar dannau'r llais. Droeon dwi wedi gorfod recordio yn swp o annwyd. Unwaith, wnes i gìg yng Nghlwb Ifor Bach yng Nghaerdydd yn dioddef o niwmonia. Llewygais i ar y diwedd a rhoddwyd fi yn y gwely mewn gwesty gan un o nghariadon – Naughty Susan, oedd yn gorfod nofio o'r gwely yn oriau mân y bore am fy mod i'n chwysu gymaint. Pan ddeffrais yn y bore ro'n i'n meddwl fy mod wedi cysgu yn y bath drwy'r nos. Roedd y dwymyn wedi torri, diolch i Suzy a galwyn o wisgi poeth. Achubodd y ferch yna mywyd i bron â bod.

Ar y pryd roedd byncws yn Stiwdios Sain, oedd yn rhatach na rhoi llety i fandiau mewn gwestai. Megis dechrau ennill ei blwy roedd Sain ac roedd gofyn iddyn nhw edrych yn llygad y geiniog. Roedd cegin yno hefyd. Mae ysbryd hen wraig yn cerdded Stiwdios Sain. Nyrs yno roedd hi, dwi'n meddwl, pan oedd yr adeilad gwreiddiol yn ysbyty milwrol. Mae'r ysbryd yn dal i gerdded y lle o hyd, a dwi wedi teimlo'i phresenoldeb cryf droeon yn y coridor lle byddai cegin a thai bach y byncws gynt. Dwi erioed wedi'i theimlo hi yn y stiwdio nac yn yr ystafell reoli, dim ond yn y coridor hwnnw. Mae llawer o bobol wedi teimlo'r un presenoldeb, bygythiol braidd. Dwi hyd yn oed wedi'i gweld hi deirgwaith, ond ro'n i'n smocio lot o fwg drwg y dyddiau hynny, heb sôn am yfed gwin! Does dim dwywaith nad yw hi'n deip Florence Nightingale – gwell peidio â'i hambygio hi, mae hi'n rymus.

Recordio gefn nos oedd fy mwriad – dechrau am hanner nos, yn syth o'r dafarn. Bryn Jones oedd y peiriannydd ar y pryd, peiriannydd trydan ardderchog, dyn siriol parod ei wên, stwcyn cyhyrog â locsyn du trwchus, hawdd iawn gweithio gydag e. Y noson gyntaf fe recordiwyd chwech neu saith o ganeuon yn fyw, dau gitâr acwstig trwy feicroffonau Newmans, y drymiau mewn bwth ar wahân, a'r gitâr bas wedi'i blygio'n syth i mewn i'r ddesg gymysgu. Dim problem. Roedd Anthony, y gitarydd, ar ei draed am ddeg y bore, a ninnau wedi mynd i'n gwelyau am chwech. Roedd yn gwirioni ar ddringo creigiau, a dacw ni yn Eryri, y lle gorau yng Nghymru i ddringo creigiau. "Parith hyn ddim drwy'r wythnos," meddwn i a mynd yn ôl i gysgu. Roedd yr ysbryd yn cysgu hefyd, gyda'i chariad – peilot, wedi marw ers tro byd.

Aeth yr ail noson yn braf, 'run peth â'r gyntaf. Er mawr syndod i mi, ar ddiwedd y sesiwn, ro'n ni wedi recordio pum trac arall. Roedd hyn yn torri pob record, y cyfan wedi'i recordio'n fyw, dim angen cymathu, dim ond cymysgu digwafars pe gallwn i recordio dwy gân eto'r noson wedyn. Aethom i'r gwely wedi diffygio ac yn llawn cyffro. Do'n i erioed wedi dwyn y maen i'r wal fel 'na mewn stiwdio o'r blaen. Bore trannoeth roedd hi fel llinell o 'Maggie May' – "In the morning I awoke, flat and stony broke." Roedd Anthony ar ei draed yn gwisgo amdano. "Dwi wedi blino'n lân," meddai. "Ddois i yma i ddringo rhywfaint hefyd." Roedd wedi danto braidd, heb sylweddoli faint o laddfa fyddai recordio dros nos am bump neu chwe awr. "Dwi wedi cael llond bol," meddai. "Dwi'n mynd tua thre. Alla i ddim diodde mwy o hyn." Dywedais wrtho am fynd i'r swyddfa a chodi'i gyflog; ro'n i wedi blino gormod i ddadlau. Felly neidiodd i'w fan a'i gwadnu hi. Es i gysgu. Roedd gen i albwm i'w orffen.

Pan eglurais i'r sefyllfa i Dafydd Iwan a'r peiriannydd (dau drac i fynd, yn ogystal â'r cymysgu), dywedodd Dafydd wrtha i am gymryd hoe am ddeuddydd, bod digonedd o amser. Ond, anaml iawn ym myd recordio mae rhywun yn morio cystal; mae i'w deimlo, yn wefr ddigamsyniol, fel petai popeth chwaraewch chi'n mynd yn ysgubol.

Es i Fangor, felly, i weld pwy oedd yn tin-droi yn y Glôb. Ar ôl peint neu ddau dyma law yn fy nharo ar f'ysgwydd a phan drois i dyna lle oedd ateb fy ngweddi, y canwr o Lydaw, Gweltaz Ar Fur! Ro'n ni'n ffrindiau mawr ers blynyddoedd, ers iddo wneud ei albwm cyntaf i CBS a bu'n barod iawn ei gymwynas pan oedd Gwenllian a fi ar daith yn Llydaw. Dechreuom yfed, Gweltaz a'i gydymaith Patrice Marzin, yn ddim ond deunaw oed ar y pryd, ond erbyn hyn yn gitarydd gorau Ffrainc. Cytunodd Patrice i gymryd lle Anthony, felly ffoniais Sain i ddweud wrthyn nhw y bydden ni'n recordio'r noson honno. Recordiwyd 'Y Meirw Byw' yn fyw unwaith eto, gyda Patrice ar y gitâr blaen. Roedd gen i amryw gitarau yn y stiwdio ond fy hen Gibson Roy Smeck ddewisodd yntau, a wnaed yn Michigan UDA yn y 1920au. 'Capel Bronwen' oedd y trac olaf, cân gyfriniol wedi'i seilio ar hanes carreg Trescawen, cofeb Geltaidd yn arysgrifen drosti, yn wreiddiol o Gapel Bronwen ar Ynys Môn ac yn awr yn yr amgueddfa ym Mangor, Gwynedd. Carreg fedd yw hi, i nodi bedd gwraig sanctaidd, lleian yn ôl pob tebyg. Mae "Gwraig yr Esgob Pawlinws" wedi'i sgrifennu ar y garreg. Fel sydd hysbys, athro Dewi Sant oedd Pawlinws. Gellid dadlau mai "Branwen" o'r Mabinogi yw "Bronwen". Ar lannau afon Alaw y gorwedd, a gwir 'i wala, dyna lle cafwyd hyd i'r garreg oddi mewn i gylch perffaith o ffos a wal bridd. Dwi wedi gweld llun o'r awyr o'r safle yma, a dyna ysbrydolodd y gân 'Capel Bronwen'. Ymunodd Ian Strachan, un o ffrindiau Anthony, ar y bwswci ac yn sydyn roedd gennym albwm gwych!

Ar ôl i mi'i gymysgu gwrandewais ar yr albwm ar ei hyd, wrth fy modd o wybod ein bod wedi gwneud rhywbeth hynod. Gwyddai Dafydd Iwan a Bryn y peiriannydd hynny hefyd, a hyfryd o beth oedd dod i olwg y mwg – o'r oerni, holl dristwch ingol colli Gwenllian – a gwneud rhywbeth mor syml ac mor hardd. Es i gysgu'n esmwyth. Drannoeth roedd hi'n 13eg o Fawrth, fy mhen-blwydd. Codais fy nghyflog a'i chychwyn hi am Gaerdydd. Dydd Sadwrn oedd hi ac yn eistedd ar glawdd glas ar fin y ffordd ger Penygroes trois fy radio dransistor ymlaen a chlywed tair o'r caneuon o *Nos Du, Nos Da* ar sioe fore Sadwrn Hywel Gwynfryn. Ynghyd â fy ngitâr Moon a wnaed ar archeb ar fy ·mhen-blwydd yn hanner cant, dyna'r anrheg orau bosib. I'm tyb i daeth *Nos Du, Nos Da* â hud i'w ganlyn. Bu'n gaffaeliad i chwalu'r tywyllwch a'r felan a fu'n mwydro mhen i'n lân ers cyhyd. "I ble'n awr?" meddwn i yn fy mhen. Daeth yr ateb fel barcud yn saethu o'r awyr las heulog honno yn y gwanwyn. Llydaw! Llydaw! Llydaw!

Ôl-nodyn

Peidiwch byth â meddwl mod i'n jengyd i Lydaw bob tro daw rhyw ddigwyddiad trist i 'mywyd i. Es i i Lydaw mwy fel cenhadwr i berfformwyr yn y Gymraeg, hefyd er mwyn dysgu am eu traddodiadau, eu miwsig a'u cerddoriaeth pan es i yn nechrau'r saithdegau.

Gwnaethon ni gwrdd â llwyth o gerddorion a chymeriadau enwog. Yn naturiol, gwnes i ganu mewn llawer o gyngherddau mawr a bach heb sôn am ganu mewn tafarndai a chlybiau nos. Fi oedd y canwr Cymraeg cynta i deithio yn Llydaw mewn cyfnod pan nad oedd llawer o offerynwyr Gwyddelig hyd yn oed yn teithio yno.

Yn dilyn y cyfnod hwnnw, aeth nifer o fandiau ac unigolion o Gymru i ganu yn Llydaw, yn enwedig i'r Ŵyl Geltaidd fawr yn Lorient. Bandiau fel Maffia Mr Huws, Ac Eraill, Heather Jones, Steve Eaves ac yn ddiweddar Lleuwen Steffan. Roedd hi'n *hit* arbennig yn Lorient yn 2008 a gwnaeth enw mawr iddi hi ei hun. Yn wir, mae hi ar ei ffordd yno yn Ebrill 2009 i recordio record hir efo Alan Stivell.

Bydd trydedd rhan yr hunangofiant yn dod mas mewn blwyddyn neu ddwy.

Hwyl fawr i bawb.

Meic

x x x

Discograffeg

Recordiau Byrion

Senglau Feinyl

Did I Dream / In A Field (Decca F12174) 1965

Nid Oes Gwydr Ffenestr / Rhywbeth Gwell I Ddod (Dryw WSP 2005) 1970

Old Joe Blind / Blue Sleep (Warner Bros WB 8007) 1970

Brenin Y Nos / Shw' Mae, Shw' Mae (Disques Festival SPX 177) 1974

Bach Bach / Can Nana (Theatr Yr Ymylon YM SP 01) 1978

Pe Medrwn / *Llygad Am Lygad* (Theatr Yr Ymylon YM SP 02) 1978

EP's Feinyl

Mike Stevens (Dryw WRE 1045) 1968

Yr Eryr A'r Golomen / Ble Mae'r Bore? / Ond Dof Yn Ôl / Tryweryn

Mike Stevens Rhif 2 (Dryw WRE 1053) 1968

Can Walter / Hwiangerdd Mihangel / Glaw Yn Y Dail / Lan A Lawr

Mwg (Dryw WRE 1073) 1969

Mwg / Rhedaf I'r Mynydd / Myfi Yw'r Dechreuad / Tyrd I Lawr Trwy'r Ogof

Y Bara Menyn (Dryw WRE 1065) 1969

Caru Cymru / Disgwyl Am Dy Gariad / Dewch Ar Y Trên / Rhywbeth Gwell I Ddod

Rhagor O'r Bara Menyn (Dryw WRE 1072) 1969

Dihunwch Lan / Yfo /

Mynd I Laca Li / Yr Wylan

Y Brawd Houdini (Sain SAIN 004) 1970

Y Brawd Houdini / Nid I Fi, Mr M.P / Rhyddid Ffug / Jam Poeth

Meic Stevens (Newyddion Da ND1) 1970

Mynd I Bala Ar Y Cwch Banana / Nid Y Fi Yw'r Un I Ofyn Pam /

Mae Gennyf I Gariad / Dim Ond Heddiw Ddoe A Fory /
Can Mam-gu
Diolch Yn Fawr (Sain SAIN 013) 1971
Pe Cawn Dy Gwmni Di/ Bryn Unigrwydd / Breuddwyd / Diolch Yn
Fawr
Byw Yn Y Wlad (Dryw WRE 1107) 1971
Byw Yn Y Wlad / Sachliain A Lludw Y Misoedd / O, Rwy'n Crwydro
Y Byd
Meic Stevens (Fflach RFAS Meisym) 1986 *
Bwgan Ar Y Bryn / Gaucho

* *Ar y cyd gydag Ail Symudiad*

Recordiau Hir

Feinyl
Outlander (Warner Bros WS 3005) 1970
Gwymon (Dryw WRL 536) 1972
Gog (Sain 1065M) 1977
Caneuon Cynnar Rhif 1 (Tic Toc TTL P01) 1979
Nos Du, Nos Da (Sain 1239M) 1982
Gitar Yn Y Twll Dan Stâr (Sain 1273M) 1983
Lapis Lazuli (Sain 1312M) 1985
Bywyd Ac Angau (Fflach CO52D) 1989 *
Ghost Town (Tenth Planet TP 028) 1997
September 1965: The Tony Pike Sessions (Tenth Planet TP 056) 2002
Rain In The Leaves: The EP's Volume 1 (Sunbeam SBRLP 5021) 2007
Gwymon (Sunbeam SBRLP 5046) 2008
Outlander (Timeless TIME 705LP) 2008

* *Rhyddhawyd nifer cyfyngedig heb gloriau i DJ's yn unig.*

Cryno Ddisgiau Hir
'Whare'n Noeth (Bibopalwla'r Delyn Aur) (Sain SCD 4088) 1991
Dim Ond Cysgodion: Y Baledi (Sain SCD 2001) 1992
Er Cof Am Blant Y Cwm (Crai CD036) 1993
Voodoo Blues: 1979-92 (Blue Tit MS1) 1994

Mihangel (Crai CD 059) 1997
Disgwyl Rhywbeth Gwell I Ddod 3 CD (Sain SCD 2345) 2002
Ysbryd Solva (Sain SCD 2364) 2002
Outlander (Rhino Hand Made RHM2 7839) 2003
Meic A'r Gerddorfa (Sain SCD 2499) 2005
Icarws (Sain SCD 2516) 2007
An Evening With Meic Stevens (Sunbeam SBRCD 5039) 2007
Rain In The Leaves: The EP's Volume 1 (Sunbeam SBRCD 5021) 2007
Sackcloth And Ashes: The EP's Volume 2 (Sunbeam SBRCD 5033) 2007
Outlander (Water WATER 198CD) 2007
Gwymon (Sunbeam SBRCD 5046) 2008

Detholiad O Gasetiau Hir
Meic Stevens (Dryw WRC 536) 1973
Meic A'r Bara Menyn (Dryw WRC 702) 1973
Cider Glider (The Farnham Sessions) (Tic Toc 002) 1981 *
Gwin A Mwg A Merched Drwg (Sain C608N) 1987
Bywyd Ac Angau (Fflach C052D) 1989
'Whare'n Noeth (cyhoeddwyd gan yr artist) 1991
Meic Stevens Yn Fyw (Sain C2121N) 1995

* *Rhyddhawyd 500 yn unig i gydfynd â'r daith i Lydaw.*

Detholiad O Ganeuon Ar Recordiau Hir Amlgyfrannog
Disc A Dawn L.P [B.B.C. REC 65M] 1970
Nid Y Fi Yw'r Un I Ofyn Pam / Dwyn Y Lein

Lleisiau (Adfer ADF1) 1975
Santiana / Dic Penderyn

Twrw Tanllyd (Sain 1201H) 1981
Y Crwydryn A Mi

Gorau Sgrech, Sgrechian Corwen (Ty Gwyn TG001S) 1982
Rue San Michel

Penroc 1 (GP 002 CD) 1989 *
Dic Penderyn

Hei! Mr. D.J. (Label 1 CD007) 1990
Tywyllwch

Can i Gymru 91 [Sain C469A] C. 1991 *
Rhosyn Yr Annialwch

Can i Gymru 93 (Sain C2045A) 1993 *
Yr Eglwys Ar Y Cei

Ram Jam Sadwrn 2 (Crai CD 058) 1997
Troi Y Cylchau

* Caset yn unig

DVD
An Evening With Meic Stevens (Sunbeam SUNB5039DVD) 2008

Hefyd o'r Lolfa

Mynnwch gopi o rhan gyntaf ei hunangofiant:

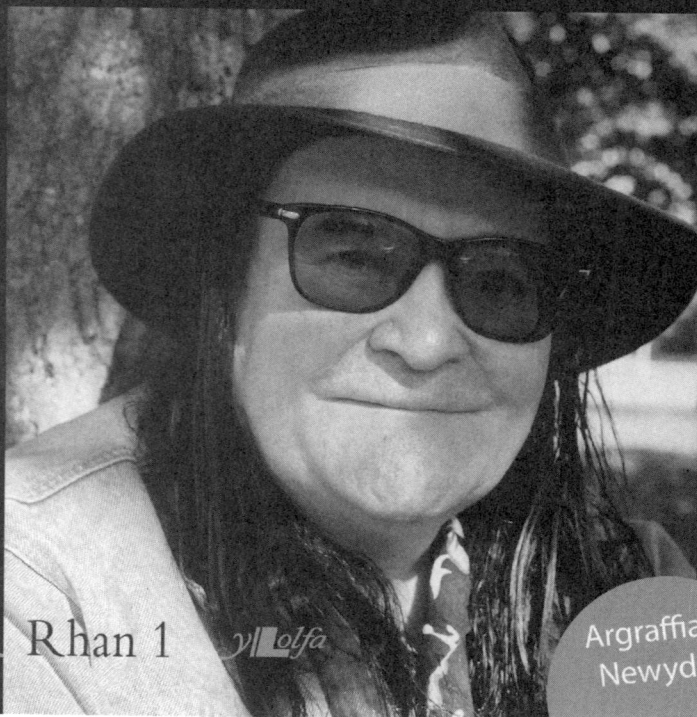

MEIC STEVENS

Hunangofiant y Brawd Houdini

Rhan 1

yLolfa

Argraffiad Newydd

CAM O'R TYWYLLWCH

hunangofiant

Rhys

rhagair gan Gruff Rhys

y Lolfa

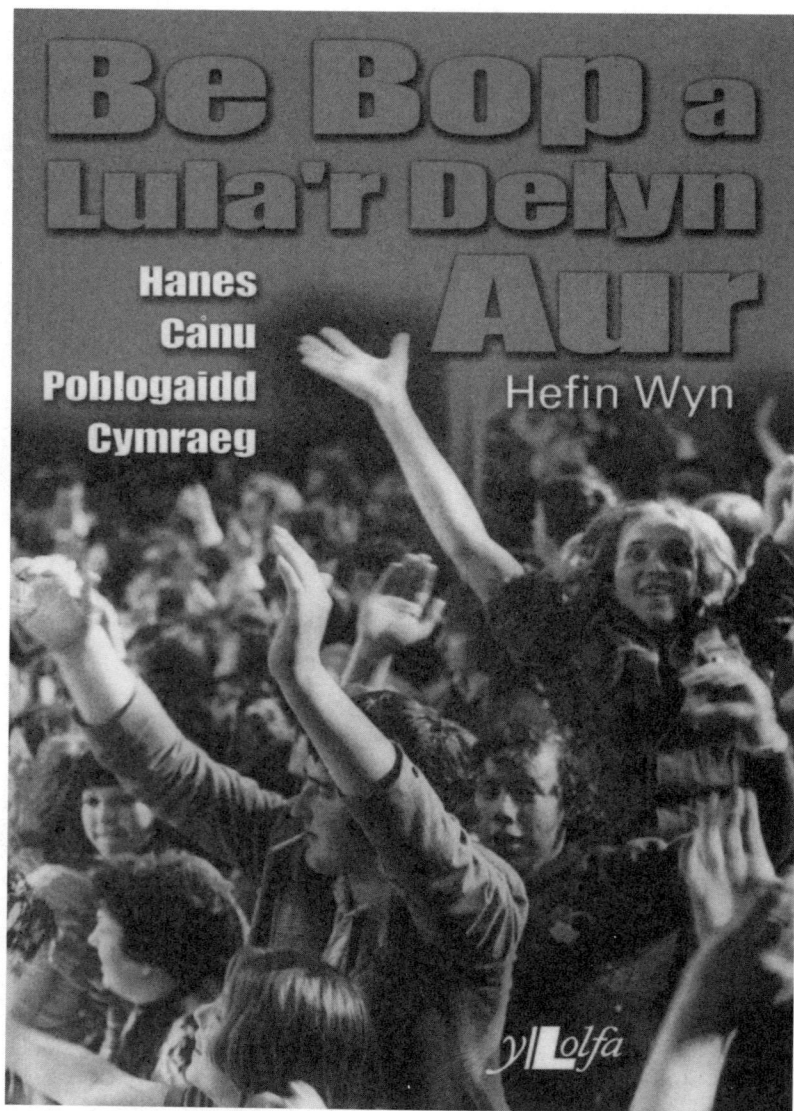

Be Bop a Lula'r Delyn Aur

Hanes Canu Poblogaidd Cymraeg

Hefin Wyn

y Lolfa

"Gonest a brwdfrydig – ardderchog" – Gareth Potter
BLE WYT TI RHWNG?
Hanes
canu poblogaidd
Cymraeg
1980–2000
HEFIN WYN
y Lolfa

Am restr gyflawn o lyfrau'r Lolfa, mynnwch
gopi o'n catalog newydd, rhad
neu hwyliwch i mewn i'n gwefan

www.ylolfa.com

lle gallwch archebu llyfrau ar lein.

yL̲olfa

TALYBONT CEREDIGION CYMRU SY24 5HE
ebost ylolfa@ylolfa.com
gwefan www.ylolfa.com
ffôn 01970 832 304
ffacs 832 782